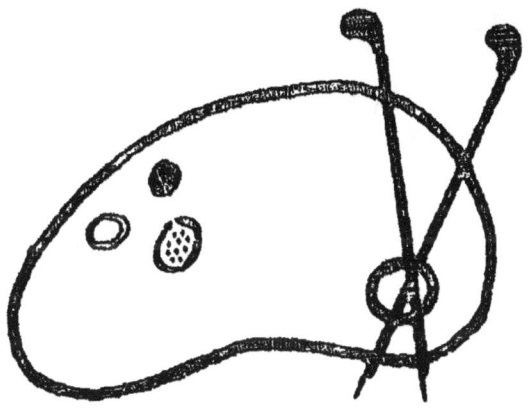

Couvertures supérieure et inférieure
en couleur

COUVERTURES SUPERIEURE ET INFERIEURE D'IMPRIMEUR.

LE DERNIER BAISER

CALMANN LÉVY, ÉDITEUR

OUVRAGES

DE

EUGÈNE DE MIRECOURT

Format grand in-18.

A FEU ET A SANG.	1 vol.
ANDRÉ LE SORCIER.	1 —
UN ASSASSIN	1 —
LA BOHÉMIENNE AMOUREUSE	1 —
COMMENT LES FEMMES SE PERDENT	1 —
LES CONFESSIONS DE MARION DELORME	3 —
LES CONFESSIONS DE NINON DE LENCLOS	3 —
LE FOU PAR AMOUR.	1 —
UN MARIAGE SOUS LA TERREUR	1 —
LE MARI DE MADAME ISAURE.	1 —
LA MARQUISE DE COURCELLES.	1 —
MASANIELLO, LE PÊCHEUR DE NAPLES	1 —

Destenay, imprimeur à Saint-Amand.

LE
DERNIER BAISER

PAR

E. DE MIRECOURT

PARIS
CALMANN LÉVY, ÉDITEUR
ANCIENNE MAISON MICHEL LÉVY FRÈRES
3, RUE AUBER, 3

1881

Droits de reproduction et de traduction réservés

LE DERNIER BAISER

I

UNE NUIT AU CAPITOLE

Quand l'historien remonte les âges et compare les siècles entre eux, il trouve des analogies singulières, des ressemblances étranges dans les événements comme chez les hommes. Pour lui les distances s'effacent, la durée se concentre en un seul point immuable. Hier et aujourd'hui ne sont plus qu'un, et le passé se confond avec le présent. D'un simple coup-d'œil il embrasse un vaste théâtre, où les mêmes acteurs jouent constamment le même rôle, à quelques modifications près de langage et de costume.

Cette espèce d'illusion d'optique causée par l'histoire nous frappera surtout, à mesure que nous verrons se dérouler sous nos yeux les péripéties du drame à la première scène duquel nous allons assister.

Le 23 août 1347, par une de ces radieuses soirées méridionales où le soleil couchant incendie l'horizon de ses gerbes de feu, toute la population de Rome était en émoi ; les rues, les places, les carrefours se trouvaient envahis par une foule immense qui poussait des cris d'allégresse et saluait de ses applaudissements un personnage, dont le cœur battait d'orgueil à cette magnifique ovation de tout un peuple.

C'était un homme d'une quarantaine d'années environ, grand, robuste, au port majestueux et fier.

Son œil noir ombragé par d'épais sourcils, son nez aux lignes correctes et à la forte courbure accusaient un caractère ferme, énergique, une de ces âmes hardiment trempées que Dieu jette ici-bas, de temps à autre, afin de régénérer les nations et de changer le monde.

Pourtant ce n'était ni un empereur, ni un roi, ni un de ces privilégiés de la naissance auxquels la fortune sourit dès le berceau ; on devinait son origine plébéienne à son costume pauvre et de couleur sombre, à la franchise de son regard, aux poignées de main cordiales qu'il distribuait à droite et à gauche, en appelant chaque homme du peuple et chaque artisan par son nom.

La foule, à ces témoignages de sympathie, redoublait de bravos et de clameurs joyeuses.

On l'entourait, on le félicitait.

Aux fenêtres de chaque maison d'élégantes bourgeoises agitaient leurs voiles et lui jetaient des fleurs.

C'était un délire universel, un triomphe dont rien n'eût troublé la solennelle expansion, si celui qui en était l'objet n'eût remarqué, çà et là, au sein de la multitude, quelques visages sinistres d'où jaillissaient des éclairs de haine.

Il s'arrêtait alors et cherchait à reconnaître ceux de ses ennemis qui venaient sourdement protester contre l'amour que lui témoignait le peuple de Rome.

Mais ces derniers disparaissaient aussitôt à la faveur du tumulte, pour se remontrer plus loin avec la même figure menaçante, et disparaître encore.

A côté du triomphateur marchait un second personnage, dont la figure douce contrastait avec la mâle énergie qui animait les traits de son compagnon. Les applaudissements populaires ne s'adressaient point à lui ; mais il n'en semblait que plus heureux.

On le voyait presser la main de celui que la foule enivrait de louanges. Il lui disait tout bas :

— Frère, tu mérites cet enthousiaste ; c'est la digne récompense de tes nobles efforts ! Malgré mon estime et mon admiration pour toi, je ne croyais pas qu'il te fût possible d'accomplir aussi vite les grandes choses que nous avions rêvées. Quoi! six semaines ont suffi pour opérer ce prodige! Est-ce bien toi que je retrouve le premier de Rome? Est-ce bien cette malheureuse ville que j'avais laissée à mon départ en proie au désordre et à l'anarchie? Oh! si Dieu n'avait pas rappelé mon père, si le Dante voyait ce beau jour!...

Il cessa tout à coup de parler.

Son compagnon lui serrait le bras avec force et lui montrait à quelque distance une des figures sinistres qui se plaçaient comme à dessein sur leur passage.

— Ne me félicite pas, ami, répondit-il ; ma mission n'est point encore achevée. Autour de moi sont de lâches adversaires qui m'arrêteront par un coup de poignard.

— O ciel? que dis-tu?

— Silence, Alighieri, silence ! le peuple nous observe, et l'heure n'est pas venue de lui signaler mes dangers.

En ce moment, ils arrivaient au bas du gigantesque escalier des Lions, qui mène au Capitole.

Celui de nos interlocuteurs auquel la multitude formait un si bruyant cortège se retourna vers les groupes animés qui le suivaient.

— Merci, braves Romains! cria-t-il ; vos éloges sont ma plus douce récompense, et je m'efforcerai chaque jour d'en être plus digne. La nuit approche ; que chacun de vous rentre dans sa maison et ne s'expose pas à être pris pour un de ces maraudeurs nocturnes contre lesquels j'ai donné les ordres les plus sévères. Allez ! l'heure du repos est venue. Vos magistrats et moi nous veillons à la sûreté de Rome !

Une nouvelle salve d'applaudissements accueillit cette courte harangue, et la foule obéissante se dispersa.

Les deux amis montèrent l'escalier des Lions.

Arrivés au sommet de la montagne, ils franchirent le péristyle du temple de Jupiter et suivirent d'un bout à l'autre de larges galeries, où se tenaient immobiles et sur deux rangs des soldats bizarres, armés de bric et de brac, à moitié nus et sans chaussures.

Cette milice avait néanmoins quelque chose de martial et d'intrépide ; on devinait que ses haillons étaient glorieux.

Reconnaissant au premier coup d'œil l'un des hommes qui approchaient, les soldats le saluèrent à leur tour par des cris enthousiastes, et là du moins il n'y eut que des démonstrations d'ivresse ; aucun visage hostile ne vint protester contre le triomphe.

Sanctuaire du pouvoir, le Capitole n'avait que des échos fidèles ; ni les ennemis ni les traîtres n'osaient aborder son enceinte.

Après avoir traversé les galeries, le personnage qui recevait ces honneurs pénétra, suivi de son compagnon, dans une salle immense, au fond de laquelle se dressait une sorte de tribunal, où il alla s'asseoir.

Cinquante ou soixante individus, habillés de longues robes écarlates semées d'hermine, entrèrent de plusieurs côtés à la fois et vinrent s'incliner devant lui.

— Êtes-vous tous présents? leur demanda-t-il d'un ton sévère.

— Oui, sublime tribun, répondit un vieillard au front chauve et à la barbe blanche, qui semblait être le doyen de la troupe: les magistrats de cette ville s'empresseront toujours de se rendre à tes ordres; ils reconnaissent ton pouvoir et l'acceptent dans toute sa plénitude. Salut donc à Rienzi, le puissant tribun, le restaurateur de la liberté romaine!

Pendant cet intervalle la troupe entière avait fait cercle autour de l'estrade, et les magistrats, s'inclinant de nouveau, répétèrent en chœur après le vieillard:

— Salut à Rienzi, le puissant tribun, notre maître à tous!

Car, effectivement, ils se trouvaient en présence de Rienzi lui-même, de cet homme issu d'une famille plus qu'obscure et parvenu, grâce à son mérite et à son courage, à une élévation de fortune inouïe.

Fils d'un cabaretier de la cité Léonine et d'une lavandière du Tibre, il s'était distingué de bonne heure par un goût prononcé pour l'étude et avait en quelque sorte fait lui seul sa première éducation.

Des moines, ayant ensuite deviné ses dispositions merveilleuses, vinrent lui tendre la main pour le conduire plus loin dans le domaine de l'intelligence.

Il étonna bientôt ses maîtres et les surpassa tous.

A vingt-cinq ans, le fils de Lorenzo Gabrini[1] et de la blanchisseuse Magdeleine fut élevé au grade de notaire apostolique ; il passait pour l'un des hommes les plus érudits de son époque.

D'une nature vive et sensible, Rienzi s'apitoya sur le malheur de sa patrie livrée à la rage des factions.

La vieille querelle des Guelfes et des Gibelins, pour avoir perdu des proportions colossales qu'elle avait eues depuis des siècles, n'en devenait que plus dangereuse, réduite à une question de foyer ; les hauts barons romains s'acharnaient sur le cadavre de l'Italie expirante, et les papes, peu désireux de compromettre dans cette lutte leurs richesses et leur

1. Le nom de *Rienzi* était une abréviation du prénom et du nom de son père.

pouvoir, avaient fini par quitter Rome pour se réfugier de l'autre côté des Alpes, dans le comtat Venaissin, qui leur appartenait alors.

Ils fixèrent à Avignon la résidence du saint-siège, et leur départ fut pour la ville qu'ils abandonnaient le signal de tous les désordres et de tous les crimes.

On n'était pas plus en sûreté dans les rues de Rome que dans les gorges des Apennins ou sur les routes les plus désertes des Calabres. Chacune des sept collines, chaque temple antique, chaque palais abandonné, chaque monument, chaque ruine se transformait en autant de repaires de brigands, où l'on volait, où l'on égorgeait en plein jour, soit au cri de *vive le pape!* soit au cri de *vive l'empereur!*

Ému de l'infortune de ses compatriotes, Rienzi chercha les moyens de ramener dans la ville sainte l'ordre et le calme.

Dès sa plus tendre jeunesse, il s'était nourri de la lecture des chef-d'œuvres des grands écrivains de l'ancienne Rome, et retrouvant partout sous ses yeux les souvenirs du peuple-héros, il lui sembla qu'il suffisait de frapper du pied cette terre natale de la liberté pour en faire surgir une génération nouvelle et puissante. En un mot, il rêva pour Rome dégénérée, pour Rome abrutie, pour Rome à deux doigts de sa perte, toutes les splendeurs de la vieille république. Il résolut de faire revivre le temps des Mucius Scævola, des Cincinnatus, des Scipion et des Brutus.

Doué d'une âme ardente, d'une résolution de fer, d'une audace et d'un courage à toute épreuve, il se mit à répandre ces idées dans la population romaine.

Elles y firent bientôt des progrès rapides.

Mais Rienzi comprenait toute la force de l'élément catholique dans le pays qu'il se préparait à soulever. Religieux lui-même, il voulait que le Capitole restât surmonté de la croix.

En conséquence, il se fit porter à la tête d'une députation chargée d'aller trouver à Avignon le pape Clément VI, pour le décider à consacrer par sa présence la réforme qu'on voulait accomplir.

Or, Clément VI, endormi dans les délices de sa province transalpine et retenu par la comtesse de Turenne, cette intrigante amie dont il écoutait beaucoup trop les conseils, n'était pas d'humeur à quitter son voluptueux palais d'Avignon pour se jeter au sein des orages.

Le pontife refusa d'adopter les plans du réformateur.

Trompé dans son attente, Rienzi revient à Rome et médite un coup audacieux.

Le 17 mai, trois mois environ avant le jour où commence notre histoire, la ville s'éveille au bruit des cloches de toutes ses églises. Des hérauts parcourent les rues et invitent les habitants à se réunir en armes sur la place du peuple.

On accourt, on s'empresse autour de Rienzi, qui explique ses griefs et développe largement ses vues d'indépendance. Il possède au plus haut degré le don de la parole : son éloquence fougueuse excite, électrise, enflamme. Déployant trois étendards sur lesquels il a fait peindre les symboles de la *Liberté*, de la *Justice* et de la *Paix*, il invite la foule à monter avec lui au Capitole, et là, sous un ciel radieux, en présence de l'antique cité dont tous les monuments semblent tressaillir, il décrète la restauration de la République Romaine.

Son enthousiasme se communique à ceux qui l'entourent ; des cris d'ivresse et de délire montent aux nues. Cent mille voix le proclament tribun de Rome et libérateur de l'Italie.

Alors commence une ère nouvelle.

L'ordre succède à l'anarchie, la tranquillité au brigandage ; les voleurs et les assassins se dispersent.

Rome une fois pacifiée, le tribun enrôle vingt mille soldats, les arme à l'aventure, leur souffle au cœur cet élan généreux qui gagne les batailles, parcourt l'Italie, écrase les bandes indisciplinées qui la rançonnent, établit en tous lieux son pouvoir et envoie des députés aux rois de l'Europe, qui le reconnaissent et admirent ses talents.

Pétrarque, l'illustre poète, son ami le plus cher,

lui écrit des lettres de félicitation et le célèbre dans ses odes.

Bientôt Rienzi, aussi grand que César, aussi aimé qu'Auguste, rentre à Rome sur un char de triomphe.

Deux mois ont suffi pour opérer cette révolution singulière.

Mais, en l'absence du tribun, les malfaiteurs ont repris de la hardiesse ; les nobles qu'il a terrassés et aux concussions desquels il a mis un terme commencent à relever la tête. Ils s'agitent, nouent, çà et là, des trames ténébreuses, et se créent des partisans dans cette classe de la population que le travail importune et qui vit de désordre.

Rienzi sent le besoin de leur imposer par des mesures énergiques : c'est pourquoi il a fait réunir tous les magistrats au Capitole, où il vient de les rejoindre.

Simple et modeste comme un Romain des anciens jours, le tribun, parmi tous ces palais qui peuplent Rome, n'a pas daigné jusqu'ici en choisir un pour sa demeure. Il est resté dans sa maison de notaire, vivant avec autant de frugalité qu'autrefois et consacrant à l'étude ou à l'amitié le peu de loisir que lui laisse l'administration de l'État.

Dans l'intérêt de notre drame et pour l'intelligence des événements qui vont suivre, il est essentiel d'expliquer au lecteur l'origine des relations qui unissaient le tribun de Rome à François Pétrarque et à Paul Alighieri, fils du Dante.

Ces trois jeunes gens s'étaient connus à l'université de Montpellier, l'une des plus en renom de l'époque, et où les idées libérales commençaient à prendre cet accroissement, qui de siècle en siècle, s'irritant des obstacles, mit plus d'une fois la colère à la place de la raison et fit éclater la réforme religieuse, comme prélude à la réforme politique.

Le Dante et le père de Pétrarque, tous les deux ardents Gibelins, voulurent donner à leurs fils une éducation en rapport avec leur opinion personnelle.

François et Paul partirent ensemble pour Montpellier, où Rienzi échappé à la tutelle des moines de Rome et poussé par le démon de la science, s'était rendu à travers mille fatigues et mille obstacles ; car son père le cabaretier et sa mère la blanchisseuse n'avaient pu garnir que très médiocrement sa bourse pour suffire aux frais de voyage.

Déjà les écoliers d'alors menaient cette vie de bohème, dont les traditions se sont précieusement conservées jusqu'à nos jours.

Pétrarque et Alighieri recevaient par mois cinq ducats de leur famille ; mais cette somme était régulièrement absorbée d'avance, ou disparaissait en un seul jour au milieu d'une partie de plaisir ou d'un festin, de façon que l'escarcelle des fils de famille était constamment aussi vide que la bourse de cuir du jeune *Trasteverino*, dont ils avaient fait la connaissance sur les bancs de l'école.

Alors il s'agissait de recourir aux expédients.

François, beaucoup plus poète que jurisconsulte, composait des *rime-terze;* Paul prenait un luth, et Rienzi, qui avait la voix la plus juste et la plus sonore, chantait les vers de Pétrarque au clair de la lune, sous les balcons, au pied des tourelles, partout où une jalousie pouvait s'ouvrir et laisser passer une petite main blanche, qui jetait un sou parisis dans le bonnet des écoliers métamorphosés en trouvères.

Cette vie d'étude et de joyeuse indigence dura trois ans ; Pétrarque fut rappelé par sa famille à Avignon, où il devint secrétaire du cardinal Albornos, et Paul rejoignit son père à Florence.

Quant à Rienzi, il regagna Rome, aussi riche en science qu'il était pauvre en numéraire.

Les couplets de François servirent à le défrayer le long de la route.

Bientôt il entra chez un tabellion du saint-siège qui, frappé de l'intelligence et du mérite du jeune clerc, lui donna la main de sa fille et la survivance de sa charge.

Sur les entrefaites, une querelle furieuse éclata parmi les Gibelins de Florence. Divisés en *Noirs* et *Blancs*, ils en venaient chaque jour aux mains dans l'intérieur même de la ville. Les *Noirs* voulaient ouvrir les portes à Charles d'Anjou, et les *Blancs* s'y opposaient. Ces derniers eurent le dessous. Le Dante, qui était un de leurs chefs, vit confisquer tous ses biens et ne put échapper à la mort que par une prompte fuite.

On venait de le condamner à être brûlé vif.

A partir de ce jour, l'auteur de la *Divina Comedia*, comme autrefois Homère aveugle, erra de ville en ville, traînant une vie misérable et désespérée.

Un soir, Rienzi vit entrer un de ses anciens compagnons de classe, qu'il eut peine à reconnaître, tant le chagrin et la misère avaient laissé sur son front des traces profondes.

C'était Paul Alighieri, dont le père venait de mourir à Ravenne.

— Ma maison est la tienne, lui dit Rienzi. Nous sommes frères, tu ne me quitteras plus.

Le temps s'écoula sans jeter le moindre trouble dans cette douce intimité. Rienzi, devenu veuf, s'occupait avec Paul de l'éducation de sa fille qu'il avait eue de son hymen, charmante enfant dont Alighieri ne put voir éclore la beauté sans péril pour son cœur.

— Tu l'aimes? lui dit un jour Rienzi : c'est bien, frère, elle sera ta femme!

Les deux amis n'avaient qu'un regret, c'était de voir que Pétrarque ne se décidait point à venir habiter Rome et restait à la cour du pape, en dépit des lettres pressantes qu'ils lui envoyaient pour l'exhorter à les rejoindre.

Ils ne pouvaient s'expliquer le refus de leur ancien condisciple.

Ce fut seulement à quelques années de là que Rienzi, député vers Clément VI à Avignon, eut le secret de la conduite de François.

Il trouva le poète amoureux de cette belle Laure de Noves, qu'il était en train d'immortaliser par des chants sublimes.

Pétrarque n'avait pas le courage de quitter les lieux où vivait la seule femme qui eût régné sur son cœur, et dont le souvenir ne devait jamais être effacé par un autre amour. Moins il avait d'espérance, plus il s'attachait à cette affection qui emplissait sa vie. Toutes ses pensées, tous ses rêves, toutes ses aspirations étaient pour Laure.

Une seule chose eut le pouvoir de le distraire de cette extase perpétuelle où il était plongé.

Rienzi lui expliqua ses grandes vues politiques.

Avec cette éloquence que la conviction donne au génie, il déroula ce vaste plan d'organisation pour lequel Clément VI n'avait eu que des dédains, et Pétrarque émerveillé ne trouva pas assez d'encouragements ni assez d'éloges pour y applaudir.

De retour à Rome et sur le point de commencer son œuvre, Rienzi eut un moment d'hésitation.

Il ne se dissimulait pas qu'il avait à affronter mille périls et que sa vie allait être en jeu dans la lutte. Prêt à se sacrifier pour sa patrie et à mourir pour la liberté de Rome, il ne put s'empêcher de reconnaître que ses devoirs de citoyens lui avaient fait oublier ses devoirs de père.

Blanche, sa fille, cette douce et gracieuse enfant sur laquelle il a concentré les plus saintes affections de son cœur, que va-t-elle devenir, s'il succombe? La laissera-t-il en proie à ses ennemis victorieux?

Cette pensée le glaça de crainte.

L'amour paternel allait éteindre en lui peut-être l'enthousiasme révolutionnaire, lorsqu'il songea tout à coup à envoyer Blanche à Pétrarque, recommandant au poète de la faire passer pour sa nièce et de cacher sa véritable origine et son nom.

Paul, auquel il confia ce projet, l'approuva de toutes ses forces et s'offrit à conduire lui-même sa fiancée dans la ville des papes.

Tout fut bientôt prêt pour le départ.

Rienzi adjoignit au fils du Dante deux autres personnes, dont l'une, appelée Gertrude, avait été nourrice de Blanche, et l'autre, vieux soudard nommé Giacomo, sauvé jadis de la potence par le notaire apostolique, lui avait voué une reconnaissance éternelle.

Gertrude et Giacomo devaient rester au service de la jeune fille.

Quant à Paul, il promit de revenir aussitôt qu'il aurait confié Blanche aux soins et à l'amitié de Pétrarque.

A peine Rienzi fut-il débarrassé de ses inquiétudes paternelles, qu'il exécuta sans retard avec autant de bonheur que de courage la révolution suprême, dont il avait depuis longtemps jeté le germe sur le sol romain : de sorte qu'Alighieri, accourant le rejoindre pour l'aider dans son œuvre et partager ses dangers, s'émerveilla de voir le fait accompli et de retrouver le notaire au comble de la puissance.

On n'a pas oublier qu'il vient de monter au Capitole avec le tribun.

Le fils du Dante s'est assis sur l'estrade aux côtés du maître de Rome.

Tous les personnages groupés autour d'eux ayant fini de se prosterner et de se confondre en salutations, Rienzi prit la parole.

— Citoyens magistrats, dit-il, si j'ai voulu vous réunir, c'est afin de vous témoigner, non ma satisfaction, mais le vif mécontentement que j'éprouve. Le jour où vous m'avez vu partir, à la tête d'une armée, pour faire accepter à l'Italie la république renaissante, que vous ai-je dit ? quel ordre avez-vous reçu ?

— L'ordre d'entretenir une police sévère et de veiller nuit et jour à la sûreté de la ville, murmura le vieillard qui semblait chargé de répondre au nom de tous.

— Eh bien, cet ordre, l'avez-vous exécuté ?

— Sublime tribun, mes collègues et moi nous ne sommes coupables d'aucune négligence.

— Alors, dit Rienzi, vous avez manqué de fermeté. Les brigands que j'avais mis à la porte de Rome ont reparu, les plus audacieux du moins. On a hier assassiné un homme près du tombeau de Néron, à deux pas de la place du Peuple. D'où vient que le meurtrier reste impuni ?

Un des plus jeunes magistrats voulut hasarder quelques paroles.

— Paix ! dit le tribun : s'il n'y a pas négligence, il y a évidemment une incapacité notoire. Nierez-vous, en outre, que plusieurs de ces esprits ambitieux et turbulents, de ces nobles indignes auxquels l'Italie doit depuis deux siècles tous ses malheurs, n'aient reparu dans nos murs sous divers déguisements ? Il faut qu'on me les découvre, il le faut, sinon je vous rends responsables de toutes les intrigues qu'ils peuvent nouer, de tous les désordres qu'ils susciteront !

Les magistrats s'inclinèrent.

Rienzi jeta sur chacun d'eux un regard scrutateur. Il se défiait de cette humble contenance et de leurs saluts révérencieux. Tant de soumission apparente pouvait être un masque hypocrite dont ils se couvraient pour mieux déguiser leur trahison.

Toutefois le tribun ne manifesta rien des soupçons qui lui traversaient l'esprit, laissant au temps le soin de les éclaircir.

Il poursuivit :

— Nous avons proclamé la liberté de tous, oui

sans doute ; mais cette liberté doit s'exercer uniquement pour le bien et non pour le mal. En conséquence, voici les décrets que je vais rendre et dont, sur votre tête, — sur votre tête, entendez-vous, l'exécution vous est confiée.

Rienzi fit un signe à Paul.

Celui-ci prit une plume, et le tribun dicta :

« Nous, restaurateur de la liberté italienne, dic‑
» tateur et tribun de Rome, avons ordonné ce qui
» suit :

« 1° Tout citoyen qui ne pourra justifier d'un état,
» grâce auquel il puisse gagner honorablement sa vie,
» sera incorporé de droit dans notre milice républi‑
» caine. S'il refuse de faire connaître son origine
» ou de décliner son nom, qu'il soit pendu !

« 2° L'accès de la ville est interdit à tous les
» nobles qui n'ont pas prêté entre nos mains serment
» de fidélité aux nouvelles lois qui régissent Rome.
» Quand un de ces nobles sera saisi, on lui pro‑
» posera le serment, et, s'il ne le prête pas, qu'il soit
» pendu ! »

Le tribun prit le papier des mains de Paul, relut ces deux décrets, les signa et les tendit au doyen de la magistrature romaine.

— Demain, lui dit-il, que ces ordonnances soient publiées à son de trompe dans toutes les rues de la ville, sur toutes les places, par tous les carrefours. Allez et obéissez.

Les magistrats se disposaient à sortir, lorsque Rienzi rappela le doyen.

— Vous devez avoir, lui dit-il, des notes sur Montréal ?

— Non, sublime tribun, répondit le vieillard.

— Autre négligence ! Vous ne savez rien, vous ne vous occupez de rien ; c'est presque de la trahison.

— Seigneur...

— Point d'excuse, et réparez vos torts ! On prétend que Montréal s'occupe à rallier dans les Apennins les bandes fugitives des soudards et des brigands que j'ai expulsés. Il est, dit on, d'accord avec Clément VI. Que des espions soient mis à l'instant même sur ses traces, observent toutes ses manœuvres et viennent m'instruire de ses projets.

Le vieillard et ses collègues se prosternèrent une dernière fois en signe d'obéissance et quittèrent la salle.

Après leur départ, Rienzi demeura longtemps rêveur. Une sombre inquiétude se trahissait sur son énergique physionomie, et Paul le regardait en silence, attendant qu'il lui expliquât la cause du trouble intérieur dont il semblait agité.

Mais le tribun continua de rêver sans prononcer une parole. Enfin il se leva brusquement.

— Viens, frère, dit-il à son compagnon.

Ils sortiront des galeries du Capitole.

Bien que le soleil eût disparu et que la lune fût déjà haute à l'horizon, des zones incandescentes continuaient de s'étendre derrière la ceinture de collines que Rome porte autour de ses flancs. Un vaporeux crépuscule, teinté de pourpre et d'azur, enveloppait tous les édifices, dont cette clarté douteuse augmentait encore l'aspect gigantesque.

Au centre de la ville, on apercevait le Panthéon, masse imposante chargée de quatorze siècles.

Plus loin le Vatican déployait ses splendeurs, et tout à côté de lui le château Saint-Ange, avec ses tours crénelées, ses meurtrières et ses bastions, ressemblait à un dogue fidèle qui garde la demeure de son maître.

Cent églises aux dômes hardis, aux coupoles étincelantes, jetaient à la brise du soir l'harmonie religieuse de l'angélus.

Rome moderne et Rome ancienne se confondaient dans un majestueux ensemble. Au pied du mont Capitolin, le temple de la Concorde alignait sa splendide colonnade de granit oriental ; puis se déroulaient, à droite et à gauche de l'antique Voie sacrée, ces ruines somptueuses, que semblent respecter les siècles tout exprès pour l'enseignement de l'historien et l'inspiration du poète : le temple de Rémus, celui de la Paix ; les bains voluptueux de Livie, perdus sous les ronces ; le palais d'or de Néron, le palais d'Antonin et de Faustine, les arcs de triomphe de Septime Sévère, de Titus et de Constantin, monuments sublimes, souvenirs d'un siècle de géants, au-dessus desquels le Colysée, ce monde de pierre, se dresse comme le roi des ruines.

Rienzi contemplait ce merveilleux spectacle.

Le nuage qui assombrissait son front disparut ; son œil, brillant d'enthousiasme, enveloppa d'un regard la cité tout entière.

— Ami, dit-il à Paul, ne te semble-t-il pas comme à moi que les âges reculent et que nous sommes tranportés au temps glorieux où, de cet endroit même, nos pères dictaient des ordres au monde ? Entends-tu dans le Forum la grande voix du peuple qui éclate comme cent tonnerres ? Les comices ne sont-ils point assemblés et n'aperçois-tu pas les sénateurs errer sous les portiques ! Salut, Rome ! salut, reine des nations ! Qui donc a pu dire que tu serais à tout jamais déshéritée de ta gloire ? Mânes des Brutus, des Marius et des Caton, vous êtes là, prêts à vous dresser de la tombe et à souffler au cœur de vos descendants vos sublimes vertus. Ah ! daignez m'apparaître, ombres saintes et vénérées ! que j'entende votre voix solennelle, que votre patriotisme me réchauffe et m'enflamme ! Il y a des jours où le découragemnt s'empare de moi ; la tâche que je m'impose est immense, et j'ai besoin de tout votre génie pour l'accomplir !

Le tribun se tourna vers Paul et lui prit une main, qu'il serra vivement dans la sienne.

— N'est-ce pas, frère, lui dit-il, que ce spectacle est imposant ? n'est-ce pas que la ville éternelle ne peut périr ? n'est-ce pas que j'ai fait de grandes choses et que m'arrêter dans cette route du progrès serait un crime ?

— En effet, répondit Paul ; mais je ne vois pas, ami, où peuvent être tes motifs de découragement : personne n'osera se poser en obstacle sur la route, tes ennemis sont abattus.

— Non, dit Rienzi, dont le visage redevint sombre, le plus terrible de tous ne l'est pas et ne le sera jamais.

— Où donc est-il, cet ennemi redoutable ; son nom !

— Clément VI.

— Le pape. Je ne te comprends pas. Quel est son pouvoir ?

— Écoute, frère, dit le tribun : j'ai la foi, la foi chrétienne. Bercée dans les traditions du catholicisme, mon enfance les a retenues, et l'âge mûr, en portant sur mes croyances le scalpel de la philosophie, n'a fait que les rendre plus inébranlables. Donc, en rappelant à Rome la liberté, je n'ai pas eu le projet d'en exclure la foi : aussi ai-je voulu tout d'abord mettre le souverain pontife de moitié dans ma réforme politique ; mais il ne m'a point compris. Son sceptre temporel lui tient plus au cœur que la royauté spirituelle, son plus noble apanage ; il ne voit pas que Rome peut avoir à la fois et la grandeur de la religion et la grandeur de la liberté. En un mot, le pape m'a déclaré qu'il n'y avait entre nous aucune alliance possible.

— Que t'importe ?

— Frère, il m'importe de ne pas rencontrer d'écueils dans cette pauvre œuvre difficile de la régénération d'un peuple ; il m'importe de n'avoir point à me défendre quand j'ai à fonder. Les nations qui souffrent sont peu susceptibles de progrès ; la paix seule engendre les réformes. Si Clément VI n'ose pas ouvertement me déclarer la guerre, il commence à employer contre moi l'intrigue. Montréal, ce gentilhomme français, qui a soutenu le roi de Hongrie dans sa querelle avec Jeanne de Naples, n'a pas déposé les armes : on m'affirme que le pape vient de le payer pour entretenir autour de moi des troubles et m'empêcher de consolider mon pouvoir.

— Eh bien, il faut reprendre le glaive, traquer Montréal et le chasser de l'Italie.

— Impossible. C'est une guerre de partisans que ce Français me prépare, une guerre de défilés, d'embuscades, où j'userai sans résultat mon énergie et mes forces. Rome désertée par les pèlerins, Rome exposée à la famine et à la misère finira par échapper à mon autorité et retombera sous le joug de ses oppresseurs.

— Ainsi tu perds courage, tu doutes de toi-même ?

— Ce n'est pas perdre courage que d'envisager hardiment les obstacles : il faut les connaître pour les surmonter et les vaincre. Le sacrifice de ma vie est fait depuis longtemps ; dussé-je périr à la tâche, j'accomplirai jusqu'au bout ma mission. Pourquoi se leurrer d'espoir ? Mieux vaut regarder le péril en face. Le pape se faisant mon ennemi, le pape désapprouvant mon œuvre, c'est notre ruine et la ruine de la liberté. Tous ces rois qui m'expédient des ambassadeurs et qui me flagornent, parce qu'ils me craignent, se réuniront contre moi, le jour où le chef de l'Église se croira assez fort pour me frapper d'excommunication.

— Oui, c'est vrai, murmura Paul avec tristesse. Hélas ! tes prévisions m'épouvantent.

— Quant aux peuples, reprit le tribun, ils imiteront les rois. Personne ne se demandera de quel côté est la justice : on laissera le fanatisme tuer lâchement la république et insulter à sa chute.

— Mais que faire, que faire ! dit Alighieri, en regardant le tribun avec angoisse.

— Il faut que le pape soit pour nous et se convertisse à mes doctrines.

— Et s'il persiste dans son refus.

— Je ne crois pas qu'il l'ose. Peut-être, lors de mon ambassade, ai-je eu le tort très grave de ne point insister, car toujours une conviction ferme se communique à la longue aux âmes les plus rétives. L'orgueil de ma doctrine devait plier devant l'intérêt de Rome. Aujourd'hui Clément VI peut voir ce dont je suis capable et, d'ailleurs, l'avocat choisi pour plaider ma cause la fera triompher nécessairement. C'est Pétrarque, notre ami commun.

— Lui as-tu donc expédié un message ?

— Oui, tu as dû te croiser en route avec mon courrier. Lorsque François aura jeté la base d'un arrangement, tu retourneras à Avignon pour y conclure le traité d'alliance, et tu ne te plaindras pas, j'imagine, de revoir ta fiancée plus tôt que tu ne l'espérais.

Alighieri se jeta dans les bras du tribun.

Il le remercia des nouvelles espérances qu'il donnait à son amour, exprimant, en outre, avec des termes chaleureux toute son admiration pour la profondeur des vues de Rienzi et l'habileté de sa politique.

— D'un jour à l'autre, continua le tribun, je puis recevoir la réponse de Pétrarque ; le courrier a l'ordre de faire la plus grande diligence, et je suis même surpris qu'il ne soit point encore de retour.

A peine achevait-il ces mots, que le galop précipité d'un cheval retentit sur la Voie Sacrée.

Un homme mit pied à terre au bas du mont Capitolin et gravit la rampe colossale. Bientôt il atteignit le sommet, aborda le maître de Rome et lui présenta respectueusement un pli cacheté.

— Ma réponse, frère, c'est ma réponse ! cria le tribun avec joie.

L'ombre était devenue épaisse ; la garde du Capitole s'empressa d'apporter des flambeaux.

Rienzi décacheta la lettre.

Il la parcourut avidement ; mais, dès les premières lignes, il s'arrêta, devint pâle et poussa un cri douloureux.

— Qu'as-tu donc ? demanda Paul. Cette lettre n'est-elle pas celle que tu attendais ?

— Non, répondit le tribun d'une voix frissonnante. C'est Blanche, c'est ma fille qui m'écrit. Décidément, le ciel est contre nous.

— Mais enfin...

— Regarde ! dit Rienzi, qui lui plaça le papier sous les yeux : une peste violente désole Avignon. Laure est morte. Pétrarque a perdu sa maîtresse, et le malheureux, plongé dans la douleur, passe à se désespérer sur une tombe les nuits et les jours. Il ne songe même pas à accomplir la mission dont je le charge. Fatalité ! fatalité ! Lui seul pourtant peut faire triompher ma cause dans le conseil du pape.

— Mais ta fille, Rienzi, murmura Paul avec effroi, ta fille qui reste exposée au fléau.

Le tribun tressaillit et sa pâleur augmenta ; mais

secouant aussitôt la tête comme pour se débarrasser d'une pensée pénible :

— Rome d'abord, dit-il gravement ; ma fille ensuite. Viens, frère, et prépare-toi à exécuter mes ordres.

Ils descendirent précipitamment l'escalier des Lions.

II

SA SAINTETÉ LE PAPE CLÉMENT VI

Dix-huit ou vingt jours après la scène que nous avons racontée dans le chapitre qui précède, un voyageur suivait les rives bordées d'ormes et de peupliers de la petite rivière de Sorgue, ce modeste affluent du Rhône, qui a pour source la fontaine de Vaucluse, et va se perdre, au bout d'un cours de quelques lieues, dans les eaux tumultueuses du fleuve torrent.

Le voyageur atteignit bientôt l'embouchure de la Sorgue et remonta le Rhône jusqu'aux portes d'Avignon.

C'était Paul Alighieri.

Il venait de faire de nouveau le trajet de Rome à la cour des papes, en toute diligence et sans encombre.

D'abord, il s'était rendu à Vaucluse, demeure accoutumée de Pétrarque, afin de le consulter sur la façon la plus convenable de remplir la mission dont il était chargé pour Clément VI ; mais il avait trouvé la villa déserte, et personne dans le voisinage n'avait pu lui donner de nouvelles ni du poète ni de Blanche.

Paul venait en chercher à Avignon.

Certes, on ne pouvait soupçonner l'ami du tribun de manquer de courage.

Formé très jeune à l'école du malheur, il s'était aguerri contre les coups du sort et ne connaissait point de péril au monde qui pût le détourner d'une résolution ou d'un devoir.

Néanmoins il ne fut pas maître d'un sentiment d'effroi, lorsque, pénétrant dans l'intérieur de la ville, ses yeux embrassèrent le spectacle de désolation qu'elle présentait.

Pas une âme dans les rues.

Le fils du Dante avait trouvé les portes toutes grandes ouvertes, sans gardes au pont-levis, sans troupes ni sentinelles sur les remparts.

Il s'avance et, chose hideuse ! avant de rencontrer un seul vivant, il aperçoit à droite, à gauche, devant lui, partout, des cadavres que personne ne venait prendre pour les confier à la sépulture.

Chaque maison avait son seuil désert, ses fenêtres closes.

On croyait voir un vaste sépulcre, une ville morte,

où aucun des bruits de la vie ne se faisait entendre. Le plus grand nombre des portes étaient marquées d'une croix noire, signe lugubre annonçant la présence du fléau ; d'autres se trouvaient murées, c'était celles où la peste avait fait invasion d'abord : les habitants s'imaginaient mettre un terme à ses ravages en y claquemurant les premières victimes, mesure odieuse prise impitoyablement au moyen âge dans tous les lieux frappés de la peste, et que l'humanité comme la religion auraient dû proscrire.

Enfin Paul aperçut çà et là quelques hâves apparitions.

Il les suivit et arriva sur la place du marché, où les paysans des hameaux d'alentour venaient vendre leurs provisions à la hâte et au poids de l'or, pour s'enfuir ensuite, quand la peste toutefois ne les retenait pas dans les murs.

Alighieri s'informa du logement de Pétrarque.

Beaucoup de ceux qu'il interrogeait ne lui répondaient pas et continuaient leur chemin d'un air égaré. On finit cependant par lui dire qu'il trouverait le poète au château du pape. Il se le fit indiquer à force d'instances ; puis, regagnant le bord du Rhône, il franchit cet aqueduc romain aux arches immenses, encore debout de nos jours, longea les quais dont les flots impétueux battaient la digue de granit et se trouva devant le palais de Clément VI.

Nous disons palais, mais nous ferions mieux de dire citadelle.

De tous les châteaux-forts élevés par le moyen âge, celui-là sans contredit était le plus menaçant et le plus imprenable. Ses tours géantes, ses énormes remparts crénelés, ses bastions chargés de catapultes et de machines de guerre lui donnaient un aspect terrible.

On n'eût jamais cru que le chef d'une religion de paix et de mansuétude pût avoir une telle résidence.

Le pont-levis était baissé, mais on avait abattu la herse.

Quand Alighieri se présenta, cinquante archers bandèrent leur arc, et le grillage de bronze se hérissa de flèches aiguës. En même temps on lui cria d'une voix menaçante :

— Arrête !... un pas de plus, et tu es mort !

Peu flatté de servir de pendant au martyre du bienheureux saint Sébastien, Paul obéit et resta dans une immobilité complète, à l'autre bout du pont.

— Que veux-tu ? lui cria le chef de la troupe.

— Je suis chargé d'une mission importante, et je désire pénétrer dans le palais.

— Ton nom ?

— Paul Alighieri.

— Qui t'envoie ?

— Rienzi, tribun de Rome.

— C'est bien ; nous allons chercher des ordres.

Toutes ces précautions, on le devine, étaient prises

contre la peste. Le pape, sa cour et la garnison du château n'avaient eu aucune communication avec la ville depuis le commencement de l'épidémie [1].

Après avoir avitaillé comme pour un siège la citadelle qui lui servait de demeure, Sa Sainteté se bornait à paraître, le dimanche, sur la tour du beffroi, d'où, se tournant successivement vers les quatre points cardinaux, envoyait ses bénédictions *urbi et orbi*, à la cité et au monde.

En s'isolant de la sorte, on réussissait à n'avoir au château que des cas de peste très rares.

Si un soldat, un domestique ou tout autre commençait à en ressentir les atteintes, on s'éloignait d'eux au plus vite. Un moine, auquel on désignait le malade, lui donnait courageusement l'absolution à trente pas ; on laissait le pestiféré mourir, puis arrivait un personnage ayant sur la figure un masque de verre et les mains soigneusement enveloppées de gants de buffle ; il nouait une corde au cou du cadavre, attachait une pierre à la corde et précipitait le tout, du haut des remparts, dans les larges fossés, qui avaient quinze pieds d'eau et six pieds de vase.

---

[1]. Naturellement bon et charitable, Clément VI appela, de tous les coins de sa principauté, une vingtaine de médecins pour soigner les malades et fit acheter, en outre, un vaste champ pour la sépulture des victimes du fléau ; mais la comtesse de Turenne lui ayant fait partager l'épouvante dont elle était saisie, on ne veilla point à l'exécution de ces mesures ; les médecins prirent la fuite, et personne ne voulut ensevelir les morts.

Paul attendit une heure le retour du chef des archers.

Enfin, celui-ci reparut, fit lever la herse, éloigna tous ses hommes et ordonna au député de Rienzi de le suivre, mais à une distance honnête.

Ils traversèrent plusieurs passages aux voûtes humides et sombres et s'arrêtèrent enfin à une porte massive, où le conducteur de Paul frappa.

On ouvrit.

Le chef des archers se rangea pour laisser passer le visiteur, et la porte se referma brusquement quand Alighieri fut entré.

Voyant le traitement dont il était l'objet, Paul éprouva une surprise mêlée d'inquiétude ; on venait de l'enfermer dans un cachot plus obscur encore que les passages qu'il avait fallu traverser pour l'atteindre.

Il fut longtemps sans rien distinguer autour de lui.

Ses yeux enfin s'habituant à ce ténébreux séjour, il aperçut un homme accroupi dans un coin.

Cet homme était vêtu d'une casaque rouge, avait sur la figure un masque de verre et portait des gants de buffle.

Paul s'approchait pour lui demander la cause de l'espèce d'emprisonnement dont on le rendait victime ; mais l'étrange personnage se leva brusquement et fit un geste impérieux pour lui ordonner de rester en place. Il lui indiquait en même temps à l'autre bout du cachot un parchemin collé au mur, et sur lequel Paul réussit difficilement à lire l'ordonnance que voici, bien qu'elle fût écrite en énormes caractères.

« Les personnes qui voudront être admises auprès
» de Sa Sainteté Clément VI devront se résoudre
» à passer ici neuf jours de quarantaine.

» Leurs vêtements seront purifiés et aromatisés.

» Elles s'engageront par serment à se mettre
» d'elles-mêmes sur un chariot, au premier symptôme de peste, et à se laisser reconduire hors du
» château, sous peine, en cas de résistance, d'être
» précipitées, une pierre au cou, du haut des remparts.

» On leur servira des aliments, et la vaisselle
» ainsi que tous les objets qu'elles auront touchés
» seront jetés dans les fossés ou consumés par les flammes.

» A la fin du neuvième jour, si aucun signe d'épidémie ne se déclare, elles prendront un bain parfumé et seront conduites au saint-père, près de qui
» elles sont invitées à rester le moins de temps
» possible. »

Cette minutie de précautions, cette peur qui se trahissait sous mille formes diverses indignèrent Alighieri. Son premier mouvement fut de laisser la cour du pape à ses transes ridicules et de demander à sortir ; mais, se rappelant la mission dont Rienzi l'avait chargé et l'importance qu'y attachait le tribun, il reprit courage et se résigna.

D'ailleurs, Pétrarque seul pouvait lui donner des nouvelles de Blanche, et la jeune fille habitait sans doute avec son protecteur.

Alighieri, dès lors, trouva moins exagérées les précautions sanitaires qui allaient le retenir captif pendant neuf jours, puisque ces précautions-là mêmes avaient pu mettre sa fiancée à l'abri des atteintes du fléau.

L'homme à la casaque rouge lui faisait signe de se dépouiller de ses vêtements.

Il s'empressa d'obéir et se jeta sur un lit dressé dans un coin du cachot, tandis que son bizarre gardien, soulevant chausses et pourpoint avec ses gants de buffle, les emportait pour leur faire subir la purification exigée par l'ordonnance.

Cependant la nouvelle qu'un député de Rienzi venait d'entrer au château jetait une vive émotion dans l'entourage pontifical.

On savait que le tribun était tout-puissant à Rome, et plusieurs membres du sacré collège, ayant à leur tête le cardinal Albornos, homme d'un esprit droit et d'une vaste intelligence, conseillaient à Clément VI de pactiser avec la république et de lui accorder quelques concessions ; mais les autres familiers du pape étaient d'un avis contraire, surtout la comtesse de Turenne qui déblatérait sans cesse contre l'homme de rien, le manant qui régnait à Rome. Elle n'avait pas assez de sarcasmes pour Rienzi, et le pape écoutait plutôt cette tête folle que la sagesse reconnue d'Albornos.

Madame de Turenne avait tout à la fois l'esprit railleur et le caractère despote, malheureusement pour le pontife dont elle égarait souvent la conscience.

La scène qui va suivre se passe dans le pavillon du palais occupé par la comtesse. Nonchalamment étendue sur des coussins de velours et de soie, madame de Turenne caresse la tête effilée d'une grande levrette blanche.

Assis près d'elle dans un vaste fauteuil de chêne sculpté, le pape rêveur semble suivre très attentivement le jeu d'un rayon de soleil au milieu des rosaces éclatantes d'un tapis de Perse. Il a le camail violet, sur lequel descend la double croix pastorale ; une calotte de velours noir couvre son front, l'anneau du pêcheur est à son doigt.

Debout devant eux, Albornos parle depuis cinq minutes, sans que ni le pape ni la comtesse paraissent l'entendre.

Or, de la rosace où joue le rayon, l'œil du saint-père gagne imperceptiblement une autre rosace, sur laquelle trépigne le petit pied mutin de madame de Turenne.

Tout en ayant l'air de ne pas écouter, celle-ci

prête attentivement l'oreille et ne perd pas un mot du discours d'Albornos.

L'agitation de ce petit pied devient de plus en plus significative.

Sa Sainteté lève tout à coup la tête et dit au cardinal avec un léger accent d'humeur :

— C'est bien, c'est bien, Votre Éminence! plus tard nous recauserons de ces choses. Aujourd'hui nous n'avons pas l'esprit aux affaires et, d'ailleurs, vous fatiguez la comtesse.

— Mais, dit Albornos, n'est-ce pas ce soir, très saint-père, que vous devez expédier en Italie le fils de Montréal avec de nouveaux ordres pour l'armée des Apennins ? Il est impossible que vous dictiez convenablement ces ordres avant d'avoir entendu l'émissaire de Rienzi.

Pendant ce discours, le pied de madame de Turenne martelait la rosace à coups précipités.

Elle pinça l'oreille de sa levrette blanche, qui s'enfuit en hurlant.

— Je ne vous propose pas, très saint-père, continua le cardinal, sans prendre souci de l'impatience nerveuse de la dame, de recevoir ce député avant l'expiration de sa quarantaine : mais je puis me transporter dans le lieu où il la commence et prendre communication de son message.

Madame de Turenne éclata.

— Si vous approchez de cet homme avant les

neuf jours révolus, s'écria-t-elle, je vous défends de reparaître devant le pape et devant moi !

— Daignez me pardonner, madame, fit Albornos, mais il me semble que je ne dois recevoir ici d'injonctions...

— Silence! interrompit la favorite. La santé du saint-père est trop précieuse pour la compromettre de la sorte. Je ne parle pas de la mienne. Vous nous rapporteriez les miasmes impurs, que le député de votre tribun a nécessairement aspirés en traversant Avignon.

— Mais enfin, madame...

— Elle n'a pas tort, dit Clément. Assez là-dessus.

Un sourire de fatigue et de pitié parut sur les lèvres d'Albornos.

— Alors, dit-il, j'ai l'honneur de proposer à Sa Sainteté de retarder de neuf jours le départ du fils de Montréal.

— Je verrai, j'apprécierai, répondit le pape, en regardant la comtesse, dont l'œil inquiet et la lèvre frémissante indiquaient suffisamment qu'elle était hostile à cette nouvelle proposition du cardinal.

— C'est bien, reprit Clément: laissez-nous, Albornos, laissez-nous !

L'Éminence se retira découragée.

Quand le prélat fut sorti du boudoir, madame de Turenne s'écria sur un ton de despotisme fort remarquable:

— Il faut appeler à l'instant même Conrad de Montréal, — et qu'il parte dans une heure !

— Croyez-vous? dit le pontife d'une voix soumise.

— Vous le savez, très saint-père, je n'ai jamais vu Rome, et vous avez promis de m'y conduire.

— Je l'ai promis.

— Songez à tout ce qu'il m'a fallu de courage pour rester dans ce vieux château sombre, pendant la peste qui désole Avignon.

— Je ne l'oublie pas, comtesse.

— Et si!... Justement, vous perdez de vue mes sacrifices; vous écoutez les sottises de cet archevêque de Tolède à qui, je ne sais pourquoi, vous avez donné la pourpre.

— Alphonse de Castille protégeait Albornos, et je n'ai pu me dispenser...

— Parce que vous manquez d'énergie, très saint-père. Ce prélat espagnol est un ambitieux qui a juré ma ruine. Il se plaît à me contredire en tout; il m'agace, il m'obsède, il me rend malheureuse, — et vous n'y prenez pas garde, et vous n'avez pour moi ni égard ni pitié.

Madame de Turenne, à ces mots, porta vivement à ses yeux un magnifique mouchoir de point de Gênes.

Ce geste, dont elle ne faisait usage que dans les grandes occasions, ne manquait jamais d'obtenir un succès merveilleux. Le pontife ému déclara qu'il était prêt à renvoyer le cardinal à Tolède.

— C'est bien, très saint-père, je prends acte de votre parole, dit la comtesse, ayant l'air d'essuyer les larmes qu'elle n'avait point répandues ; mais il ne faut pas oublier qu'Albornos porte à lui seul tout le fardeau de votre gouvernement spirituel. Je veux que vous me donniez seulement pouvoir de lui imposer silence, quand il proposera des mesures contraires à nos intérêts.

— D'accord, murmura le pape.

— Ainsi donc, il est convenu que nous irons à Rome. Dans ce palais je suis triste et malade; je m'ennuie, je m'étiole. Pas une fête, pas un plaisir; une cour maussade et grondeuse. Je veux le beau ciel de l'Italie et les pompes du Vatican.

— Vous aurez tout cela, comtesse.

— Je vous en supplie, point de traité, point de pacte avec ce rustre qui usurpe le pouvoir dans la ville sainte ! Il y a vingt ans bientôt que votre prédécesseur a quitté Rome pour échapper aux exigences et à la tyrannie du peuple.

— Mieux vaudrait habiter avec des bêtes fauves, dit Clément.

— Oui, certes. Une république, fi donc !

— C'était bon pour les païens, reprit le pontife: mais aujourd'hui, de même que nous ne reconnaissons qu'un Dieu au ciel, il ne doit y avoir qu'un maître à la tête d'une nation.

— Parfaitement raisonné, dit la comtesse. Il faut, en conséquence, déclarer une guerre impitoyable à Rienzi et à sa république. Déjà par mes conseils vous vous êtes réconcilié avec Colonne, le fameux comte de Romagne, si habile et si rusé quand il s'agit de perdre un ennemi; les Orsini, les Farnèse nous offrent leur concours, et l'empereur Charles IV, tout en flattant le tribun, ne cherche qu'à hâter sa ruine. Guerre au dedans, guerre au dehors, Rienzi n'y tiendra pas. Montréal d'Albano a trente mille hommes prêts à combattre en votre nom. L'armée n'attend plus qu'un ordre pour agir, et Conrad est le messager le plus sûr dont nous puissions faire choix pour transmettre cet ordre à son père. Allons, plus de retard! vite une plume, un parchemin, votre sceau pontifical, et tout sera dit.

— Vous avez raison, mille fois raison.

Madame de Turenne posa le doigt sur un timbre d'or qui rendit un son éclatant. Trois pages, vêtus de la livrée de l'Église, parurent au seuil du boudoir.

D'un geste, la comtesse leur ordonna d'approcher du fauteuil du saint-père un bureau d'ébène, aux riches incrustations et aux précieuses sculptures. Clément écrivit quelques lignes, signa; puis madame de Turenne, ayant attaché les sceaux au bas du parchemin, dit à l'un des pages :

— Appelez Conrad de Montréal.

Cinq minutes après, le personnage dont elle

venait de prononcer le nom, s'inclinait respectueusement devant elle et devant le pontife.

C'était un jeune homme de dix-neuf à vingt ans au plus, d'une figure heureuse et remplie de distinction.

Il portait une sorte de tunique de velours vert, serrée à la taille par une ceinture en broderie d'argent. A cette ceinture pendait son épée avec une dague au manche ciselé à jour. Le reste de son costume était celui des chevaliers de l'époque, lorsqu'ils avaient quitté le champ de bataille ou les tournois.

Madame de Turenne accueillit ce beau cavalier par un sourire, dont l'amour-propre de celui-ci eût pu tirer des interprétations fort séduisantes, sans le trouble respectueux qu'il éprouvait tout naturellement en présence du pape.

— Jeune homme, lui dit Clément, vous êtes le fils de Montréal d'Albano, le vaillant capitaine dont l'Italie a vu tout récemment les nobles faits d'armes. Vous avez, m'a-t-on dit, le plus vif désir de le rejoindre afin de vous illustrer à votre tour ?

— Oui, très saint-père, et je serais depuis longtemps à combattre à ses côtés, si vous n'aviez eu des ordres à lui transmettre, et si je ne m'étais fait un devoir d'attendre ces ordres.

— Voici le message destiné au capitaine, ajouta le pape, qui remit à Conrad le paquet fermé du sceau pontifical : je le confie à votre fidélité et à votre honneur.

Le jeune homme s'inclina profondément.

— C'est à moi, dit madame de Turenne, dont le sourire continuait à être plein de grâces et de caresses, que vous devez cette marque de haute confiance. J'ai connu jadis votre mère à son château du Dauphiné, et j'ai répondu de vous comme de mon propre fils.

— Ah! madame, votre protection m'est précieuse, et je m'efforcerai toujours de m'en rendre digne.

— J'en suis certaine d'avance. Faites-vous tuer mille fois plutôt que de laisser tomber en des mains étrangères le message dont vous êtes porteur.

— Oui, madame, je le jure!

— C'est bien. Vous échapperez, nous l'espérons, aux ennemis du pape et à ceux de votre père. Rienzi vaincu et chassé de Rome, la ville sainte reverra son pontife suprême.

Le fils de Montréal, s'agenouillant, sur un signe de la comtesse, reçut la bénédiction du chef de l'Église, et quitta la chambre.

Des ordres avaient été donnés à qui de droit pour équiper le jeune homme de la façon la plus convenable au voyage rapide qu'il allait entreprendre. Conrad choisit le meilleur coureur des écuries pontificales, sauta vivement en selle, traversa les cours, fit lever la herse, franchit le pont-levis au galop et se trouva bientôt dans les rues d'Avignon.

Il avait l'âme heureuse et satisfaite.

Des espérances de fortune, des rêves de gloire lui faisaient battre le cœur ; mais l'aspect lugubre de la ville chassa bientôt ses idées riantes.

Conrad avait oublié la peste : ce qu'il vit la lui rappela cruellement.

Les cadavres entassés dans les carrefours exhalaient des miasmes putrides et propageaient partout la contagion.

Au bruit des pas de son cheval sur le pavé désert, des spectres livides se dressaient çà et là du milieu des morts, tournaient vers le passant un regard vitreux et retombaient en râlant l'agonie. Quelques-uns, dont les forces n'étaient pas entièrement épuisées, se traînaient à la rencontre de Conrad et lui demandaient du secours avec une voix déchirante. L'un d'eux réussit à arrêter la monture du jeune homme et se cramponna convulsivement à la bride.

Mais l'animal recula, soufflant des naseaux et donnant des signes de terreur.

Plus pâle à lui seul que toute cette foule de pestiférés, Conrad piqua des deux et lança son cheval au galop.

Un cri de rage et de malédiction se fit entendre : c'était le moribond cramponné à la bride, que l'é-

3.

lan du cheval venait de lancer à dix pas, le front contre une pierre.

Les cheveux du jeune homme se hérissaient d'épouvante, une sueur glacée inondait son visage.

D'autres spectres, dressés sur son chemin et renversés par sa course impétueuse, lui envoyaient de nouvelles malédictions et de nouveaux blasphèmes.

Tout à coup il s'arrêta dans sa fuite.

Une douleur inconnue, poignante, venait de le saisir; le frisson parcourut ses membres, ses yeux se voilèrent d'un nuage. Il descendit de cheval et chercha de tous côtés, mais en vain, une maison ouverte où il pût s'introduire. Enfin il se traîna jusqu'à la porte d'un couvent.

Mais il n'eut pas la force de frapper.

Ses genoux chancelèrent, un cri d'angoisse s'échappa de sa poitrine : il tomba sans mouvement sur le seuil.

Presque aussitôt la porte s'ouvrit.

Deux femmes, dont l'une était radieuse de jeunesse et de beauté, s'approchèrent de Conrad, reconnurent en lui les symptômes du fléau et s'empressèrent d'appeler les religieuses.

L'instant d'après, le messager de Clément VI était transporté dans l'intérieur de l'abbaye.

III

LE TOMBEAU DE LAURE

Il est temps de mettre en relief une noble tête historique de cette époque, le plus admirable type de sentiment et d'amour que nous ait légué le moyen âge.

Nous voulons parler de François Pétrarque, le grand poète, le sublime rêveur.

Obligé d'être assidu auprès du cardinal qui s'était chargé de sa fortune, François ne pouvait s'éloigner de la cour des papes ; on lui permettait seulement, quand il avait besoin de solitude et de silence pour se livrer aux inspirations de sa muse, d'aller se réfugier à quelques lieues d'Avignon dans un hameau perdu, où son protecteur lui avait acheté une habitation de plaisance.

C'était une gentille maisonnette cachée comme un nid d'oiseau dans des touffes d'ombrages, et où tout portait à la méditation et à la rêverie.

Là, sous de magnifiques berceaux de verdure et au bord de cette fontaine de Vaucluse que son génie a rendue célèbre, Pétrarque écrivait des odes et chantait son amour.

A mesure qu'il les composait, ses *canzoni* franchissaient les Alpes. Ses *rime-terze* lui avaient obtenu déjà la couronne lauréale destinée au premier poète du siècle.

Nous n'avons point oublié que Rienzi, craignant d'exposer sa fille aux hasards périlleux des révolutions, l'avait envoyée à son ancien camarade d'université.

Blanche habitait donc avec Pétrarque la petite maison de Vaucluse.

La fille du tribun approchait de sa dix-septième année. Sa beauté toute romaine, son grand œil noir voilé d'un nuage de douce langueur, sa taille souple à la fois et majestueuse en faisaient un modèle accompli de noblesse et de grâce.

Elle avait reçu de son père une éducation peu commune à son sexe, et qui lui permettait d'apprécier dignement les œuvres de son hôte.

Blanche avait la primeur des odes de Pétrarque.

Ce dernier lui en déclamait chaque strophe sous la feuillée du parc, au doux murmure de la fontaine, et les émotions de la jeune fille à cette lecture, les pleurs qui humectaient sa longue paupière donnaient au poète la mesure de son génie.

François était dans la force de l'âge : des relations avec une personne aussi gracieuse et aussi spirituelle auraient pu faire naître en lui des pensées d'amour, si depuis longtemps déjà son cœur n'eût été envahi par cette passion profonde, qui fut la seule de sa carrière et qui devait survivre à l'objet aimé.

La rencontre de Pétrarque et de Laure de Noves datait du premier jour de l'arrivée du poète à Avignon.

Jeune, sensible, ardent, François ne quitta plus du regard cette étoile resplendissante qui venait éclairer sa vie. D'abord il l'adora respectueusement et en silence, ne cherchant même pas à connaître de quelle sphère lui arrivaient ces rayons d'amour. Il se bornait à suivre Laure dans les assemblées, à l'église, à la promenade, ne sachant si elle était noble ou bourgeoise ou plutôt la regardant comme une fée mystérieuse dont la demeure ne devait pas être ici-bas, mais au ciel ou dans les nuages.

Bientôt cette adoration muette eut un terme. La jalousie ramena Pétrarque sur la terre.

A une fête donnée à Clément VI par la municipalité d'Avignon, il vit, hélas ! celle qu'il avait considérée jusqu'alors comme la sœur des anges, au bras d'un personnage qui la traitait en simple mortelle et dont la familiarité par trop significative lui fit pousser une exclamation de douleur et de colère.

Ce personnage, sur le bras duquel s'appuyait Laure, était son mari, Hugues de Sade, premier échevin de la ville.

Laure mariée ! Laure appartenant à un autre à tout jamais et sans réserve ! il y avait bien là de quoi réduire Pétrarque au désespoir.

Mais il s'est donc trompé quand il a cru lire dans le regard de la jeune femme un encouragement à son amour ! Ne doit-il voir qu'une coquette vulgaire dans celle que la nature a douée d'attraits si puissants, de grâces si irrésistibles ?

Retiré dans l'embrasure de l'une des hautes fenêtres qui éclairaient les salons de l'hôtel-de ville, François pleurait toutes les larmes de son cœur, lorsque le frôlement d'une robe de soie lui fit tourner la tête.

Il aperçut Laure qui laissa tomber sur lui, en passant, un regard de douce commisération.

Le pauvre poëte en perdit ce qui lui restait de calme et de prudence. Joignant les mains, il tomba à deux genoux devant son idole et murmura des paroles entrecoupées, que Laure n'eut pas le loisir d'entendre, car Hugues de Sade furieux l'entraîna loin de la fête.

Dès ce jour, Pétrarque ne la revit plus.

En vain retourna-t-il dans tous les lieux où elle lui était apparue d'abord ; en vain passa-t-il des journées entières à examiner, de quelque coin obscur, la porte de l'hôtel où un mari jaloux la retenait captive, cette porte ne s'ouvrait que pour livrer passage à des êtres indifférents ou hostiles à son amour.

Cependant il réussit à faire tenir à la jeune femme une lettre éplorée, où il lui annonçait que, ne pouvant vivre sans elle, il allait demander au tombeau l'oubli de ses douleurs.

Le jour même, il reçut une réponse dont il couvrit chaque phrase et chaque mot de baisers brûlants; Laure y avouait sa propre défaite; elle consolait doucement François et faisait appel à sa loyauté.

« Je ne puis vous appartenir sans crime, lui écrivait-elle. Or, ni vous ni moi ne sommes de ces âmes vulgaires qui se laissent entraîner au désespoir. Soyez courageux comme je serai moi-même courageuse dans mes regrets. Ne privez pas l'Italie d'un poète auquel elle réserve, après le Dante, d'immortels souvenirs. »

A partir de ce moment, l'amour de Pétraque subit une transformation heureuse qui, sans exclure la douleur, donnait à ses chants cette verve sentimentale et cette délicieuse nuance de mélancolie qui les distinguent.

Il ne vivait plus que pour la pensée de Laure.

Continuellement prosterné devant cette radieuse image, il la berçait de suaves mélodies et d'amoureuses odyssées.

Peut-être son génie n'aurait-il pas eu ce développement dans les jouissances de l'amour heureux : il dut à ses chagrins d'avoir illustré sa maîtresse en s'illustrant lui-même.

Dans ce cœur d'élite il ne pouvait y avoir place pour deux affections de cette nature, et l'on s'explique sans peine comment Blanche, aussi bien douée que Laure pour les grâces de la personne et les qualités de l'âme, n'inspira que de l'amitié au poète.

Elle était venue la seconde.

Avec Pétrarque et la fille de Rienzi deux autres personnes habitaient la retraite de Vaucluse, les mêmes qui par les ordres du tribun s'étaient jointes à Alighieri pour accompagner Blanche, de Rome à Avignon.

Gertrude, napolitaine coquette, s'avouait trente ans ; mais elle avait été nourrice de Blanche, et celle-ci devenait une sorte de témoignage vivant qui trahissait chaque jour d'une façon plus complète l'âge réel qu'on prenait tant de soins à cacher.

Toutefois, Giacomo, ce *condottiere* des Apennins, sauvé de la potence par Rienzi, ne faisait jamais remarquer à la nourrice les distractions auxquelles elle se livrait relativement à la date de sa naissance ; les charmes surannés de Gertrude avaient assez d'empire sur le cœur du routier pour lui faire supporter sans plaintes la vie qu'on menait à Vaucluse, vie bien monotone, eu égard à l'existence pittoresque et débraillée qu'il avait eue jadis.

Du reste, ces deux personnes étaient attachées à Blanche et à Pétrarque comme deux chiens fidèles.

Gertrude quittait rarement sa jeune maîtresse, et l'arbalète de Giacomo avait une portée dangereuse, non seulement pour les daims et les chevreuils qui descendaient de la montagne et traversaient le vallon, mais aussi pour les rôdeurs, occupés à chercher une ouverture dans la haie d'aubépine qui fermait le jardin de Pétrarque.

On vivait donc heureux à Vaucluse, quand une nouvelle terrible vint en bouleverser les habitants : la peste s'était déclarée à Avignon.

Trois jours après, une autre nouvelle plus effrayante fut apportée par un messager accouru de la ville en toute hâte.

Laure était atteinte du fléau.

Ce fut un coup de foudre qui éclata sur la tête de Pétrarque.

En vain la fille du tribun essaya de le retenir et de l'empêcher d'aller se jeter au centre de la contagion : il partit sur l'heure, au milieu d'une nuit sombre et par un temps d'orage.

Blanche voulait que Giacomo courût sur les traces du poète et l'accompagnât jusqu'à la ville ; mais la nourrice, effrayée de rester sans défense dans leur solitude, s'y opposa de toutes ses forces.

Minuit sonnait comme Pétrarque entrait à Avignon.

Bientôt il s'arrêta devant un sombre hôtel situé dans le voisinage de la cathédrale.

Il avait couru comme un insensé, l'œil hagard, la tête en feu, n'entendant pas le bruit de l'orage qui grondait sur sa tête, ne sentant pas la pluie qui battait son front.

Éperdu, frémissant, il regarda la demeure de Hugues de Sade ; puis sans se rendre compte de son action, sans se demander quelle pourrait en être la suite, il souleva l'énorme marteau de bronze et le laissa trois fois retomber lourdement sur la porte cochère de l'hôtel.

Un valet vint ouvrir.

— Qui êtes-vous ? dit-il à Pétrarque, et que demandez-vous ?

Seulement alors, le poète eut le sentiment de l'étrangeté de sa démarche ; il balbutia quelques mots sans suite et prononça le nom de Laure.

— Elle est mourante, répondit le domestique : c'est une raison de plus, vous devriez le sentir, pour ne pas faire, à cette heure de nuit, un vacarme semblable. Retirez-vous et passez votre chemin.

Cela dit, il referma la porte sur Pétrarque consterné.

Le malheureux s'agenouilla devant cette maison, dont il n'avait pas le droit de franchir le seuil et où s'éteignait son ange d'amour. Pendant deux heures entières il resta ainsi, aux sinistres clartés de l'orage, inondé par les torrents qui tombaient de la nue et ne détachant pas les yeux d'une fenêtre qui, seule, laissait échapper de la lumière sur la noire façade de l'hôtel.

Des silhouettes mouvantes se succédaient tour à tour à cette fenêtre et s'agitaient avec tous les signes de la douleur.

C'était une famille éplorée, entourant le lit de celle qui allait mourir et l'assistant à son heure suprême.

Pétrarque demandait à Dieu de mourir aussi ; il le suppliait de permettre que son âme s'envolât avec cette autre âme dont il avait été séparé sur la terre.

Tout à coup il entendit la porte s'ouvrir, sans qu'il y frappât de nouveau. Le même valet qui l'avait repoussé d'abord sortit et l'aborda respectueusement.

— Messire François, dit-il, veuillez me suivre.

Pétrarque se leva.

— Je viens vous chercher de la part de mon maître, ajouta le valet. Entrez et montez vite.

Un tressaillement de stupeur agita le poète ; Hugues de Sade le fait appeler, — pour quel motif, dans quel but ?

A la clarté des éclairs, le mari de Laure a sans doute reconnu l'homme agenouillé au seuil de sa maison. La douleur de Pétrarque l'offense ; il est jaloux de cette douleur ; il veut châtier celui qui la manifeste.

— Dieu soit loué, pensa François, je ne défendrai pas ma vie !

Le valet venait de l'introduire et la porte se refermait sur eux. Bientôt il entra dans une chambre où le spectacle d'une désolation profonde frappa ses regards.

Au fond de l'alcôve, dont on avait écarté les lourdes tentures de damas de Gênes, se détachait la pâle figure de Laure expirante. Les ravages de la cruelle maladie qui l'emportait n'avaient pu faire disparaître entièrement sa beauté. Elle ressemblait à une blanche statue de marbre, aux lignes correctes, au dessin suave, et la mort semblait la toucher à regret de son aile funèbre.

Pétrarque s'avança frémissant.

On n'avait point encore remarqué sa présence.

Au pied du lit de Laure était prosternée sa jeune famille qu'elle bénissait d'une main tremblante, tandis que Hugues de Sade, debout, le front découvert et les joues sillonnées de larmes, contemplait cette scène avec un morne désespoir.

Tout à coup il aperçut Pétrarque.

Un frisson courut dans ses membres ; mais, se remettant aussi vite, il alla droit au poète, lui prit la main et le conduisit lentement en face du lit de mort.

— Je sais, dit-il, que vous l'aimez depuis longtemps ; je sais que, digne et chaste épouse, elle n'a jamais eu la pensée de manquer à son devoir, bien qu'elle-même ressentît de l'amour pour vous. Messire François, faites-lui vos adieux !

Pétrarque jeta un cri d'angoisse et s'agenouilla.

Quant à Laure, soulevant son beau front chargé d'une ombre mortelle, et ranimant ses regards éteints au regard de l'homme qui lui avait voué une affection si constante et si pure :

— Au ciel, mon ami, au ciel! murmura-t-elle avec un accent de tendresse ineffable.

Sa main rencontra celle de Pétrarque et y resta froide et glacée. Le dernier souffle venait de s'échapper de ses lèvres.

Elle n'était plus.

— Messire François, dit Hugues de Sade, en relevant le poète qui restait à genoux, la bouche collée à la main de la morte, laissez l'époux de Laure et ses enfants lui rendre les derniers devoirs. Je vous ai permis d'assister à son heure suprême ; c'est assez. Vous pourrez comme nous prier sur sa tombe.

Pétrarque sortit, sans dire un mot, sans pousser un soupir ; son œil sec et brûlant ne versait pas une larme.

Il alla se remettre à genoux dans la rue et resta jusqu'au jour, l'œil fixé sur la fenêtre de la chambre mortuaire.

On fut obligé de l'arracher de cette place et de le conduire chez ses amis.

Le lendemain, il voulut suivre le convoi de Laure. Quand la tombe eut enfermé le cercueil, il poussa le même cri déchirant qu'il avait fait entendre auprès du lit de mort, et tomba sans connaissance sur le marbre funèbre.

Cependant Blanche et les autres habitants de Vaucluse étaient plongés dans l'inquiétude la plus vive.

Trois jours s'étaient écoulés depuis le départ de Pétrarque ; on n'avait de lui aucune nouvelle, et la fille de Rienzi venait de recevoir ce message pressant par lequel son père suppliait le poète d'intervenir entre le pape et la république romaine.

Le matin du quatrième jour, Gertrude permit enfin à Giacomo de se rendre à la ville, à condition qu'il reviendrait le soir même.

Il revint en effet, mais avec des nouvelles qui déchirèrent le cœur de Blanche.

On craignait que Pétrarque ne fût atteint de folie.

Continuellement sur la tombe de Laure, morne, désespéré, sans mouvement et presque sans souffle, il ne sortait par intervalles de cette immobilité effrayante que pour se frapper le front contre la pierre, en poussant des cris sourds.

Mais il ne versait pas une larme.

Les médecins du saint-père avaient déclaré que, s'il ne pleurait pas, il perdrait la raison.

— Vite, il faut le rejoindre, dit Blanche.

— Y songez-vous, ma fille? balbutia Gertrude. Et la peste!

— Quand le devoir parle, répondit la courageuse enfant, on ne doit pas s'inquiéter du danger. Pétrarque est l'ami de mon père, — de mon père qui réclame ses services dans l'intérêt de Rome. Il faut le sauver, vous dis-je, et le sauver à tout prix.

— Vous avez raison, signora, dit Giacomo ; partons, et au diable la peste !

Pour la première fois le routier se permettait d'être d'un autre avis que Gertrude ; elle lui lança un regard de colère, mais il n'en tint pas compte et se moqua du fléau avec des réflexions si burlesques et un aplomb si soutenu que la nourrice ne put s'empêcher de sourire.

Décidément elle donnait tort à la peur.

On procéda aux préparatifs du départ. Le lendemain, avant le milieu du jour, Blanche, Gertrude et Giacomo entraient à Avignon.

Nos trois voyageurs savaient où trouver Pétrarque. Ils se dirigèrent vers la cathédrale. Laure avait été inhumée dans une des chapelles voisines du chœur. Chaque jour, à l'ouverture des portes, François se précipitait dans le temple, courait à cette chapelle, se couchait sur la table et y restait de longues heures dans l'état effrayant dont nous avons fait plus haut la peinture.

Ce fut ainsi que Blanche et ses compagnons le trouvèrent.

La fille du tribun alla prier à ses côtés sur le tombeau ; il ne parut pas remarquer sa présence.

Elle lui adressa la parole, point de réponse.

Alors se penchant vers lui, Blanche le souleva doucement ; mais elle fut effrayée de l'égarement de son regard.

Pétrarque ne la reconnaissait pas.

Le zèle de la généreuse enfant et son affection dévouée pour l'ami de son père ne pouvaient reculer ainsi devant le premier obstacle. Suivie de Gertrude, elle se retira dans un couvent du voisinage, tandis que Giacomo resta près de l'inconsolable amant de Laure et le reconduisit, à la fermeture des portes, au palais du pape, où le cardinal Albornos s'empressa de l'accueillir.

Blanche n'oubliait pas l'oracle rendu par les médecins :

« S'il pleure, il sera sauvé. »

Et la jeune fille s'était dit :

Il pleurera !

Pétrarque, en lui lisant ses vers, l'avait en quelque sorte associée aux inspirations de sa muse, et Blanche était devenue poète. Elle passa deux jours à composer un dixain dans cette belle langue italienne, si douce et si mélodieuse, que les anges, a dit le Dante, doivent la parler dans les cieux.

Quand elle eut bien corrigé sa petite composition, elle retourna à la cathédrale, fit appeler le sacristain et lui promit une récompense, s'il consentait à lui rendre un service qu'elle lui indiqua.

Dans sa visite quotidienne au tombeau de Laure, Pétrarque apportait régulièrement un bouquet de fleurs. Le soir, quand on l'obligeait à sortir, il remportait le bouquet du jour précédent, qui s'était flétri sur la tombe, et passait la nuit à le couvrir de baisers.

Or, le lendemain du jour où Blanche s'était entendue avec le sacristain, François arriva comme de coutume avec son offrande.

Au moment où il déposait sur la tombe de nouvelles fleurs, il aperçut au milieu du bouquet de la veille un papier entr'ouvert.

Il prit ce papier. Son cœur battait avec force.

Le ciel fait-il un miracle en sa faveur, et Laure, du séjour des bienheureux, va-t-elle communiquer avec celui dont elle fut tant aimée ici-bas?

Déployant le billet d'une main frémissante, Pétrarque lut :

Ces fleurs, dont chaque jour tu pares mon tombeau,
   Perdent leur fraîcheur et leurs charmes ;
   Daigne les mouiller de tes larmes,
Tu les verras reprendre un éclat tout nouveau.

> Pleure! et demande à la prière
> La consolation dernière
> Que laisse de la mort l'inexorable loi,
> Pleure! et que ma tombe arrosée
> De tes larmes, douce rosée,
> Garde jusqu'au retour quelque chose de toi !

Le papier s'échappa de ses mains ; il poussa un cri, sa poitrine se gonfla, les sanglots éclatèrent et bientôt la tombe fut baignée de pleurs.

— Sauvé! sauvé! s'écria Blanche, qui se précipita dans ses bras avec ivresse.

A partir de ce moment, la douleur de François devint une douleur religieuse ; ce n'était plus le désespoir sombre, muet, sinistre ; c'était la rêverie, la prière et les larmes.

Le soir même de cet heureux événement, Blanche lui montra la lettre de son père, et Pétrarque se hâta de la porter au cardinal Albornos.

Mais il fut impossible à la jeune fille d'apprendre le résultat des négociations, car la peste redoublait ses ravages et des mesures sanitaires venaient d'être organisées pour intercepter toute communication entre le palais et la ville.

Ni Pétrarque ni Giacomo ne pouvaient sortir.

Quant à ceux qui voulaient entrer, ils subissaient, comme nous l'avons vu, neuf jours de quarantaine.

Aussi courageuse que Gertrude l'était peu, Blanche

imitait le sublime dévouement chrétien des saintes
filles, près de qui elle était venue chercher refuge,
soignant comme elles les malades et faisant transporter au monastère ceux qui se trouvaient abandonnés dans le voisinage

Ce fut ainsi que Conrad de Montréal, frappé de
l'épidémie à la porte même du couvent, fut secouru et porté dans l'intérieur, où Blanche vint
s'asseoir à son chevet pour lui prodiguer tous les
soins réunis de l'humanité et de la religion.

IV

LES CACHOTS DE L'INQUISITION

Nous avons laissé un des personnages de cette histoire dans le lieu ténébreux où on l'avait introduit, et où il venait de s'étendre tristement sur un matelas.

L'homme au masque de verre emporta dans une pièce voisine les vêtements d'Alighieri pour les soumettre à une purification complète. Il revint, toujours masqué, peu de temps après, et déposa devant son prisonnier quelque nourriture.

Paul essaya de lier conversation avec cet étrange personnage, il n'en obtint aucune réponse.

Un instant rassuré d'abord, il frémit de songer qu'il en avait pour neuf jours de cette intolérable existence. Son imagination frappée se créait des fantômes, et le sommeil fuyait sa paupière. Il crut deviner qu'il était victime d'un plan perfide : ne voudrait-on pas le retenir captif pour imposer plus sûrement des conditions fatales au pouvoir du maître de Rome ?

Une fois dans cet ordre d'idées, Paul regretta d'avoir donné son nom.

C'était à Pétrarque qu'il devait demander à parler d'abord, afin de prendre ses conseils et l'interroger sur la manière la plus sûre d'accomplir la mission de Rienzi. Les souvenirs de l'amitié n'eussent pas manqué de faire trêve un instant à la douleur de François, et du moins le fils du Dante aurait connu la marche à suivre pour déjouer les projets et le mauvais vouloir des ennemis du tribun.

Comme il se livrait à ces réflexions, la nuit était venue.

Il entendit un bruit de chaînes à quelque distance. Presque en même temps une psalmodie monotone et lugubre retentit sous les voûtes.

Alighieri s'enveloppa de la couverture de son lit et se dirigea dans les ténèbres vers l'endroit d'où partait ce bruit étrange.

Son gardien venait de le quitter de nouveau. En sortant, il avait négligé de fermer la porte.

Paul poussa cette porte, elle céda.

Marchant ensuite à tâtons, il se trouva bientôt sous les profondeurs d'un souterrain immense, où il vit une foule de malheureux, enchaînés, presque

4.

nus, et conduits entre deux rangées de pénitents noirs.

Ceux-ci tenaient des torches ; on voyait briller leurs yeux par les trous du capuchon dont ils se recouvraient la tête et le visage.

Saisi d'épouvante, Paul se colla dans l'enfoncement le plus obscur du souterrain pour laisser défiler ce sombre cortège, qui arriva bientôt dans une espèce de salle circulaire, au milieu de laquelle il reconnut son gardien, l'homme à la casaque rouge, entouré d'instruments de torture et soufflant un réchaud sur lequel il plaçait des fers.

Au fond de la salle, trois hommes, vêtus de longues robes semées d'hermine, avec une cape sous laquelle disparaissait entièrement leur figure, étaient assis sur une estrade élevée.

On amena tous les captifs au pied de cette estrade, et celui qui semblait présider le tribunal leur fit subir un interrogatoire.

Ses acolytes écrivaient les réponses.

Tremblant d'être aperçu, Paul restait toujours à l'écart, se dissimulant derrière les colonnes brutes formées par le roc dans cet humide séjour. Ce qui se passait devant ses yeux avait pour lui une signification terrible : il allait assister à une scène de l'Inquisition.

Les juges venaient de faire transporter dans leur palais le tribunal de sang.

Au-dessous d'eux, sous leurs pieds, on jugeait

les victimes et on les livrait à la torture. Paul lui-même est destiné peut-être à répondre bientôt à ce sinistre aéropage. Les pressentiments qui tout à l'heure lui donnaient le frisson semblent se confirmer. Ne l'a-t-on pas déjà plongé dans le cachot? Maintenant voilà les juges, voici les instruments de supplice ; et cet homme rouge, auquel on l'a livré tout à l'heure, c'est le bourreau !

Ne se sentant pas la force de lutter davantage contre l'effroi qui lui envahissait l'âme, l'envoyé de Rienzi se disposait à regagner son grabat, lorsqu'il vit un des pénitents noirs se détacher du groupe de ses confrères, s'approcher de l'homme à la casaque rouge et lui frapper mystérieusement sur l'épaule.

Tous les deux échangèrent quelques mots à voix basse ; puis ils vinrent ensemble du côté où se trouvait Alighieri.

Ce dernier n'osa plus faire un pas et crut qu'on venait le prendre pour le joindre aux autres victimes de l'Inquisition.

Les deux hommes s'arrêtèrent à quelque distance de l'enfoncement où il s'était blotti.

— Ce matin, n'est-il pas arrivé un étranger? demanda le pénitent noir au bourreau.

— Oui, répondit celui-ci.

— Veux-tu gagner vingt ducats d'or?

— Hum !... c'est selon. Que faut-il faire?

— Me laisser emmener le nouveau venu pour une heure seulement.

— Où le conduiras-tu ?

— C'est mon secret.

— Bien obligé ! garde-le, ainsi que ton or. Mieux vaut continuer de pendre les autres que d'expérimenter moi-même la potence.

— Il n'y aurait pas grand mal à cela.

— Hein ? fit la casaque rouge d'un air mécontent.

— Voyons, je plaisante. Du reste, nous sommes de vieilles connaissances et nous devons nous entendre.

— Où m'as-tu connu ?

— A Rome. Il paraît que tu n'y faisais plus tes affaires, puisque je te retrouve à Avignon ?

— Tu l'as dit. Les voleurs et les assassins étaient maîtres là-bas : tout naturellement je n'avais plus de besogne, et je suis venu en chercher ici.

— Où l'on s'occupe de t'en donner, je le vois. Mais revenons à notre homme et à tes vingt ducats.

— Impossible. Si l'on s'apercevait d'une pareille infraction à ma consigne, on me ferait, je le répète, un mauvais parti.

— Sottises ! Crains-tu que j'enlève ton prisonnier ? Le diable lui-même ne réussirait pas à sortir du château.

— D'accord ; mais je veux savoir où tu le conduiras.

— Le diable ?...

— Non, l'étranger de ce matin.

— Chez le cardinal Albornos.

— Et tu t'engages à le ramener dans une heure?

— Dans une heure.

La casaque rouge se frappa le front d'un air irrésolu.

— On ne s'apercevra de rien, reprit le pénitent. J'ai sous ma robe un costume pareil à celui que je porte ; nous en affublerons ton hôte, et personne ne se doutera du tour. Es-tu décidé ?

— Oui. Mais les vingt ducats?

Le pénitent tira une bourse de sa poche et la remit entre les mains du bourreau.

— Voici moitié de la somme, dit-il ; je te compterai le reste quand nous serons de retour. Où est le prisonnier ?

— Au fond du souterrain. J'ai dû fermer la porte en dehors, tu trouveras la clef à la serrure.

Ils se séparèrent.

Un peu rassuré par cet entretien, et ne croyant pas qu'il pût lui arriver pis chez le cardinal que ce dont il semblait être menacé sur les lieux mêmes, l'ami du tribun regagna son cachot et son lit.

Le pénitent noir entra sur ses traces, la torche à la main.

Arrivé devant le matelas d'Alighieri, il souleva son capuchon et avança la torche, de manière à éclairer son visage.

— Giacomo! s'écria Paul avec un bond de surprise.

— Moi-même, dit le routier, ne m'attendiez-vous pas, messire?

— Alors, c'est Pétrarque qui t'envoie...

— Et qui donc, si ce n'est lui, s'intéresserait à vous dans ce château d'enfer?

— Mais tu parlais du cardinal Albornos...

— Bon! Vous avez entendu. En effet, j'ai trouvé la porte ouverte. Au diable le bourreau! je lui ai donné là dix ducats d'or que j'aurais pu facilement garder en poche. Mais le temps est précieux; vite, habillez-vous.

Giacomo déploya le costume qu'il tenait caché sous sa robe.

— Pétrarque n'est donc plus dans l'état de désespoir, dont la lettre de Blanche nous faisait une si triste peinture? demanda Paul.

— Notre jeune demoiselle est un ange. C'est elle qui l'a sauvé. Mais on vous apprendra tout plus tard. Vous êtes prêt, partons.

Le routier alluma une autre torche pour Alighieri, qui venait de rabattre sur son visage le capuchon de sa robe; puis quittant de nouveau le cachot et retournant du côté de la salle de l'Inquisition, ils se mêlèrent pendant quelques minutes à la foule des pénitents noirs. Petit à petit, et comme en se promenant, ils eurent soin de se rapprocher de la sortie des souterrains, par laquelle Giacomo fit tout à coup esquiver son compagnon.

Un instant après le fils du Dante était dans les bras de Pétrarque.

Les premières accolades échangées, Paul, surpris de ne pas voir paraître Blanche, demanda de ses nouvelles avec empressement.

Il frissonna lorsqu'il sut qu'elle n'était point au château.

— Rassurez-vous, messire, dit le routier, devinant ses craintes ; la cruelle maladie qui désole Avignon a respecté les jours de votre fiancée.

— Hélas ! murmura Paul, comment peux-tu le savoir ?

— D'une manière très simple : chaque jour, au coucher du soleil, je monte à la tour du beffroi, d'où l'on découvre dans toute son étendue le couvent où elle a cherché refuge. Là, j'aperçois Gertrude et quelquefois notre jeune maîtresse elle-même. Elles agitent un voile blanc, c'est signe de joie et de santé ; le voile noir, signe de mort, n'a point encore paru et ne paraîtra pas, s'il plaît au ciel.

— Non, dit Pétrarque en pressant la main d'Alighieri, j'ai payé pour nous deux le tribut au malheur. Après m'avoir frappé dans mes affections, Dieu voudrait-il encore te frapper dans les tiennes ? Blanche vivra, rassure-toi, frère.

Il se mit à raconter par quelle heureuse et douce

illusion la noble enfant l'avait sauvé de la folie.

Pétrarque ajouta qu'il renonçait à tout jamais au monde et que son intention formelle était d'entrer dans les ordres. En vain Alighieri essaya de le détourner de ce projet, François lui imposa doucement silence et amena l'entretien sur la lettre du tribun.

— Ne compte pas, lui dit-il, que ta démarche obtienne le moindre succès. Son Éminence le cardinal Albornos a complètement échoué dans les tentatives qu'il a faites, à ma prière.

— En ce cas, demanda Paul, le pape ne me recevra pas ?

— Du moins, s'il t'accorde audience, il ne donnera aucune réponse favorable à ta requête : il y a parti pris. Le fils de Montréal vient d'être expédié à son père, avec l'ordre exprès de combattre le tribun.

— Mais c'est indigne ! cria Paul.

— Oh ! notre ami vaincra, j'en ai la ferme espérance. Il est donc inutile, selon moi, d'attendre la fin de ta quarantaine. Ne laisse pas Blanche exposée plus longtemps à la peste dans un cloître où les religieuses accueillent et soignent les malades ; remmène ta fiancée à Rome. Le cardinal et moi, nous ne négligerons rien pour détruire l'influence des conseillers du pape, et peut-être lui rendrons-nous de meilleurs sentiments pour Rienzi. Mais comment feras-tu pour sortir du palais? ajouta le poète avec inquiétude.

— C'est facile, répondit Paul, qui se rappela l'ordonnance écrite du cachot; je n'ai qu'à feindre d'être attaqué du fléau, et l'on me mettra dehors immédiatement.

Giacomo s'approcha de Pétrarque.

— Messire, lui dit-il, j'ai le dessein de retourner moi-même à Rome et je vous prie de m'accorder mon congé. Vous allez vous faire prêtre, dites-vous : à quoi pourrais-je vous servir dans ce saint ministère? Je suis assez mauvais catholique et j'aime peu les *oremus*.

Le poète sourit.

— Mais si l'on te défend de quitter le château, mon pauvre garçon?

— Bah! fit le routier, je ne manquerai pas de ruses pour me tirer d'affaire.

— Allons, tu es libre. C'est une personne de plus pour défendre Blanche, dans le cas où quelque danger la menacerait pendant la route. Et puis il serait trop cruel de te séparer de Gertrude.

— C'est vrai, répondit naïvement l'amoureux de la nourrice.

Paul fit ses adieux à François et se mit en devoir de regagner avec Giacomo les cachots de l'Inquisition.

En traversant les cours du palais, ils crurent apercevoir un individu qui s'obstinait à les suivre.

Le routier se retourna brusquement pour lui donner la chasse ; mais ce personnage mystérieux disparut sans qu'il fût possible de le rejoindre. Comme ils avaient gardé leur robe de pénitents noirs et tenaient leur visage caché sous le capuchon, cet incident ne les inquiéta pas ; ils rejoignirent dans le souterrain ceux qui, trompés par le costume, les prenaient toujours pour des confrères.

Le président venait de terminer son interrogatoire : les greffiers cessaient d'écrire et l'on passait à la torture.

Paul et Giacomo assistèrent à un de ces horribles épisodes des jugements de l'Inquisition, si communs au moyen âge, et qui feraient douter du Christianisme et de son institution divine, si les hommes n'étaient pas toujours là pour gâter l'œuvre du ciel.

Le bourreau saisit d'abord un malheureux juif, qui avait refusé d'abjurer sa croyance et de livrer ses trésors.

Il lui noua des cordes autour des jambes, l'étendit à terre ; puis, lui soulevant les pieds, il les plaça le long du réchaud et souffla sur les charbons, qui pétillèrent au contact de cette chaire humaine. La victime poussait des cris d'angoisse, des hurlements à faire dresser les cheveux ; mais le bourreau soufflait toujours, mais les juges restaient impassibles, mais les pénitents noirs ne donnaient pas le moindre signe de compassion, en éclairant de leurs torches cette scène effroyable.

Un des inquisiteurs descendit de l'estrade et s'approcha du juif.

— Consens-tu maintenant à abjurer? lui demanda-t-il.

— Oui! cria le patient, faites-moi chrétien, je ne refuse plus le baptême.

Sur un signe de l'inquisiteur, le bourreau déplaça les pieds du juif et les écarta de la fournaise.

— Et ton or?... l'or que tu as volé aux enfants du Christ, où le caches-tu? dit l'inquisiteur.

— Je n'ai rien volé, ce que je possède est à moi.

— Qu'on le chauffe de nouveau.

— Non! non!... Grâce! pitié... je vous donnerai tout.

— C'est bien, dit le juge : à un autre.

Trois pénitents se détachèrent de ce groupe hideux, et bientôt on les vit ramener une jeune fille, dont le visage pâle de terreur conservait néanmoins encore les traces d'une grande beauté. Elle appartenait à la secte des Albigeois, si persécutée pendant deux siècles. Un des juges même, épris de cette jeune fille, en avait été repoussé avec indignation. L'infortunée allait expier sa vertu dans les supplices.

— Abjurez-vous l'hérésie? lui demanda l'inquisiteur.

La pauvre enfant leva les yeux aux ciel pour y chercher du courage.

— Une dernière fois abjurez-vous? répéta le juge.

— Non, répondit-elle : ma foi vaut mieux que la vôtre, car elle ne conseille pas le crime.

— Allez ! dit l'inquisiteur.

Le bourreau saisit sa proie.

Paul n'eut pas la force d'assister plus longtemps à cet abominable spectacle. Il voulut entraîner Giacomo ; mais celui-ci le retint encore et attendit pour regagner le cachot que les assistants fussent tout entiers à leur contemplation fanatique.

Enfin ils purent sortir de la foule sans être remarqués.

Les cris de la jeune Albigeoise, dont le bourreau tenait alors les pieds sur la flamme des charbons, les poursuivirent jusque dans leur retraite : il leur fut impossible de se livrer au sommeil.

— Mon Dieu ! mon Dieu ! murmura Paul, à quoi sert votre foudre, et pourquoi souffrez-vous qu'il se commette en votre nom de telles atrocités !

Au point du jour, le bourreau rentra ; il avait terminé son œuvre de supplice et de mort.

Paul se jeta sur son lit et s'enveloppa le front de sa couverture pour échapper à l'aspect de cet ignoble personnage ; mais Giacomo, moins scrupuleux ou surmontant son dégoût dans l'intérêt de la fuite, tira de sa poche une bouteille de vin d'Espagne et dit à leur affreux compagnon de chambre :

— Tu dois être fatigué. Voici de quoi ranimer tes forces.

— Fort bien, dit le bourreau ; mais le reste des ducats ?

— Ton prisonnier dort, c'est lui qui tient la bourse ; nous te payerons à son réveil. En attendant, bois toujours.

Ils trinquèrent ensemble.

Giacomo avait eu soin de prendre chez Pétrarque la bouteille qu'il venait de décacheter. Il réussit à mêler adroitement aux rasades du bourreau quelques pincées d'une poudre narcotique, dont il s'était également muni. Au troisième verre, le gardien du cachot roulait sous la table, où bientôt il fit entendre un ronflement sonore.

— Nous sommes libres, à moi, messire ! cria le routier.

Paul se jeta hors de son lit.

— Que vas-tu faire ? demanda-t-il à Giacomo.

— D'abord il faut reprendre les habits sous lesquels vous êtes arrivé au palais. Où sont-ils ?

— Je l'ignore.

— Cherchons, nous allons les trouver.

Effectivement, le pourpoint et les chaussures d'Alighieri, après avoir été soumis aux fumigations prescrites par l'ordonnance, séchaient dans un galetas voisin. Paul fut habillé en un clin d'œil.

— A mon tour ! fit le routier.

Il jeta sa robe noire, s'approcha du bourreau endormi, lui enleva des épaules sa casaque rouge, la passa aux siennes, mit les gants de buffle ; puis, cherchant le masque de verre, il se l'appliqua sur la figure.

— Maintenant, recouchez-vous, messire, dit-il au fils du Dante, et prenez l'air le plus souffrant et le plus moribond qu'il vous sera possible ; vous avez la peste.

Giacomo s'empara du trousseau de clefs qui pendait à la ceinture du dormeur, ouvrit la porte du cachot et se dirigea vers le chef de la troupe d'archers placés à la garde de la herse et du pont-levis.

Ces préparatifs avaient été rapides. Le jour était encore douteux ; sous le masque de verre, Giacomo ne craignait point d'être reconnu.

Il alla droit aux soldats et frappa sur l'épaule du chef.

— L'étranger que tu as vu arriver hier, dit-il, a tous les symptômes de la contagion ; fais avancer le chariot ; je vais y charger le malade et le transporter hors des remparts.

— Allons donc, tu plaisantes ? répliqua le chef d'un ton goguenard.

— Non, certes ; je t'assure que cet homme est pestiféré.

— Diable ! c'est fâcheux ; mais j'ai l'ordre de ne pas le laisser sortir.

— Hein ? fit Giacomo confondu.

— Je te dis qu'il ne sortira pas. Est-ce clair ?

— Qui a pu te donner cet ordre ?

— Moi ! dit un des pénitents noirs de la nuit, lequel n'avait pas encore dépouillé son costume.

Il venait de sortir brusquement du milieu des archers.

— Toi ? murmura Giacomo, qui perdait tout à fait la tête et dont les jambes flageolaient sous lui.

— Moi-même, répondit l'autre. J'ai vu, hier soir, deux de nos confrères s'esquiver des souterrains. En ma qualité d'espion du Saint-Office, je les ai suivis, et j'ai entendu leurs discours avec messire Pétrarque. Il va sans dire que j'ai eu hâte d'aller rapporter ces discours à qui de droit.

Giacomo poussa un rugissement étouffé sous son masque de verre.

C'était l'homme qu'il avait aperçu pendant leur trajet nocturne et qu'il avait inutilement essayé de poursuivre. Il lui prit envie de l'étrangler à deux mains. Toutefois, ce n'était pas le cas d'user de violence ; il le comprit et se hâta de réprimer sa colère.

— Mais, balbutia-t-il, si mon prisonnier meurt, je resterai donc exposé au fléau ?

— Rentre et sois sans crainte : le gaillard n'est pas malade, c'est une ruse. Il veut aller chercher la fille de Rienzi pour l'emmener à Rome, et le pape trouve plus convenable de les garder en otages l'un et l'autre, moyen tout simple d'arranger les affaires d'Italie. Ah! j'ai fait un coup de maître !

L'espion se frotta les mains dans un parfait contentement de lui-même.

— Ainsi, voilà qui est convenu, dit-il en se retournant vers le chef de la troupe : malade ou non, personne ne doit sortir. C'est l'ordre exprès de madame de Turenne et de Sa Sainteté.

Giacomo rentra pour annoncer à Paul cette désolante nouvelle.

V

BLANCHE

A deux jours de là, Conrad de Montréal, si fatalement arrêté au début de son voyage, souleva sa lourde paupière et promena le regard autour de son chevet. Il crut faire un rêve en voyant une jeune fille, belle et souriante, qui lui présentait à boire et soulevait doucement sa tête appesantie.

— Qui êtes-vous ? murmura-t-il ; suis-je en face d'un ange descendu du ciel pour me sauver de la mort ?

— Non, répondit Blanche, — car c'était la fille de Rienzi qui prodiguait au jeune malade des soins auxquels avait cédé la plus forte intensité du mal, — je ne suis qu'une faible créature, à qui Dieu cependant a donné assez de courage pour ne pas craindre le fléau et pour secourir ceux qui en sont atteints.

— Miséricorde ! suis-je frappé de la peste ? dit Conrad, joignant les mains avec épouvante.

— Rassurez-vous.... du calme !.... vous êtes hors de péril. Un savant bénédictin, directeur de cette maison, a prescrit des remèdes efficaces ; il sauve un grand nombre de malades.

— Et ces remèdes, c'est vous qui me les avez donnés ?... Je vous dois la vie !

— Vous la devez à Dieu.

— Mais après lui qui donc remercierai-je, si ce n'est vous, ange de la terre, vous qui n'avez pas craint d'affronter la mort en approchant de mon lit de souffrance.... Oh ! merci ! merci !

Il étendait les bras vers elle et semblait être en extase devant une apparition céleste.

Son émotion se communiquait au cœur de la jeune fille.

Jamais un des malades sauvés par son dévouement ne l'avait remerciée avec un regard plus tendre.

— Hélas ! dit-elle, vous étiez si jeune pour mourir..... Et puis vous avez une mère, une sœur peut-être que votre mort eût rendues inconsolables.

— Oui, j'ai une mère, qui vous bénira comme je vous bénis. Votre nom, je vous en conjure, dites-moi votre nom !

— Je m'appelle Blanche.

— Blanche ! répéta Conrad, — et il ferma les yeux comme pour se recueillir dans une pensée pleine d'ivresse, — Blanche ! quel nom doux à prononcer ! Dès ce jour, il restera gravé dans mon cœur, et mes lèvres, à mon dernier soupir, le prononceront encore...

— Silence ! dit la fille de Rienzi : vous avez besoin de repos. Achevez de boire la potion et dormez. Je veille sur vous.

En même temps elle fermait de sa main rose et effilée la bouche du malade. Conrad s'empara de cette main, qu'il porta vivement à ses lèvres.

— Vous n'êtes pas raisonnable, dit-elle avec un accent de reproche, et je vais envoyer près de vous une des religieuses de ce couvent. Peut-être réussira-t-on mieux que moi à vous décider au repos.

— Blanche ! au nom du ciel, ne faites pas cela ! Ne plus vous voir, j'aimerais autant mourir.

Deux larmes coulaient le long de ses joues amaigries. Son regard était empreint d'une supplication si touchante, que la jeune fille tressaillit jusqu'au fond du cœur.

Elle venait d'avoir la première révélation de l'amour.

Conrad prit une seconde fois la main de Blanche, et Blanche n'eut plus la force de la retirer ; elle ne chercha plus à cacher l'émotion délicieuse qu'elle ressentait.

Malheureusement du bruit se fit entendre.

La jeune fille eut un tressaillement pénible et sembla tout à coup sortir d'un rêve.

Sa conscience l'avertissait qu'on ne devait point les surprendre ainsi. Dégageant sa main de celle de Conrad, elle porta vivement un doigt sur ses lèvres et ferma les rideaux.

Puis elle sortit pour aller visiter les autres malades confiés à sa garde.

Elle les soignait avec un zèle qui, nous devons le dire, faisait le désespoir de Gertrude. La nourrice aimait trop la fille du tribun pour l'abandonner dans ces actes de bienfaisance et de charité chrétienne ; mais elle mourait d'effroi et maudissait les circonstances qui les avaient arrachées de la paisible retraite de Vaucluse, pour les jeter à Avignon au milieu de perpétuels dangers de mort.

La peur est mauvaise conseillère.

Cachée dans une pièce voisine, dont la porte entre-bâillée lui permettait de tout voir et de tout entendre, Gertrude avait assisté à la scène de reconnaissance du malade.

Remarquant l'émotion de Blanche et comprenant que l'amour allait attirer l'un vers l'autre ces deux êtres jeunes et beaux, elle résolut de développer cette passion, qui commençait à naître, et de faire en sorte que sa maîtresse se renfermât dans les soins donnés à Conrad, près duquel du moins le danger n'existait plus.

La nourrice trouva d'abord un prétexte pour transporter le jeune homme dans le pavillon même qu'elles occupaient.

Cette première victoire obtenue, il ne lui fut pas difficile d'arranger les choses de façon que Blanche sortît le plus rarement possible. Conrad l'aidait merveilleusement, du reste, à la retenir et, d'un autre côté, le cœur de la jeune fille ne lui permettait pas de mettre grand obstacle à ces manœuvres.

Bientôt le malade put se lever.

L'appartement de Blanche donnait sur les jardins.

Elle permettait à Conrad en convalescence de s'appuyer sur son bras, et ils se promenenaient ensemble sous les allées ombreuses et solitaires. La désolation qui régnait dans la ville semblait être effacée de leur mémoire ; ils ne voyaient en perspective que des images riantes, et leur amour fleurissait au milieu de ce vaste champ de la mort qui s'étendait autour d'eux.

Avant de se demander qu'ils étaient l'un et l'autre, ils s'étaient fait déjà mille doux serments et mille promesses d'éternelle constance.

Conrad oubliait son voyage d'Italie, la mission du pape et madame de Turenne ; Blanche oubliait Pétrarque et jusqu'aux intérêts si puissants de son père.

Seule, Gertrude n'oubliait par la peste.

Tremblant e voir la fille du tribun s'éloigner du

jeune homme pour retourner aux autres malades, elle avait grand soin de ne pas faire remarquer le progrès de la guérison et l'inconvenance d'un plus long séjour.

Mais les événements devaient bientôt arracher Blanche et Conrad à leur beau rêve de tendresse et leur apprendre que, si le cœur les attirait l'un vers l'autre, le destin voulait qu'ils fussent ennemis.

Paul et Giacomo ne pouvaient se résoudre à rester dans les cachots du Saint-Office.

Ils avaient un dernier espoir : séduire leur affreux gardien et le mettre dans leurs intérêts.

Le bourreau dormait toujours.

On lui restitua sa casaque ; puis Giacomo, ne conservant que le trousseau de clés, s'échappa par les souterrains de l'Inquisition, afin d'aller avertir Pétrarque de l'impossibilité de la fuite.

Cette fois, il eut soin de regarder si quelque espion le suivait.

Il interrogea le voisinage de toutes les portes et s'assura qu'on n'écoutait point derrière.

François pâlit aux révélations du routier. Le péril de son ami n'était rien auprès de celui que pouvait courir Blanche, grâce aux conseils perfides que la comtesse de Turenne et les ennemis du tribun donneraient nécessairement à Clément VI.

Sans plus de retard, il se rendit chez le cardinal et lui expliqua la situation.

— Monseigneur, lui dit-il, cette malheureuse enfant

sera victime de lâches manœuvres politiques. Rienzi, nouveau Brutus, sacrifiera sa fille plutôt que la liberté romaine.

Albornos sentit quel empressement il fallait mettre à éloigner d'Avignon Paul et la jeune fille.

De lui-même il ne pouvait ordonner la mise en liberté du messager de Rienzi, mais il offrit à Pétrarque l'or nécessaire pour séduire le bourreau et favoriser l'évasion.

Giacomo rentra donc au cachot, les poches gonflées de ducats.

Le bourreau ronflait encore.

Il s'agissait avant tout de justifier la démarche matinale faite auprès des gardes du pont-levis. On réveilla le dormeur, que le narcotique mêlé au vin d'Espagne tenait toujours sous son influence et qui ouvrait de grands yeux hébétés.

— Allons, ivrogne, lève-toi ! cria Giacomo. Tu t'enivres et tu ne songes plus à remplir tes devoirs. Des symptômes évidents de contagion se déclarent chez l'étranger confié à ta garde. Oses-tu bien soutenir que le chef des archers refuse de lever la herse et de laisser sortir le malade ?

— Moi !... j'ai soutenu cela ? balbutia le bourreau d'un air stupide.

— Vingt fois, dit le routier.

— Je suis donc sorti ?

— Belle demande !... Oui, certes.... et tu es venu te rendormir ensuite comme une brute.

— C'est possible. Tu as raison, j'étais ivre et je me serai trompé. J'y retourne.

Il s'éloigna, chancelant ; mais, cinq minutes après, il revint et dit :

— Non, je ne m'étais pas trompé.

— Quelle sottise ! fit Giacomo.

— Ce que j'affirme est exact. Le chef s'est mis dans une colère..... Bref, on défend de sortir.

— Alors tant pis pour toi, tu attraperas la peste.

— Oh ! que non pas, je suis tranquille.

— Pourquoi donc ?

— Il n'y a personne ici de malade.

— Ah ! bah !

— C'est une ruse qu'on emploie pour sortir.

— Bon ! quelle apparence !

— Maintenant, notre homme n'est plus en quarantaine, il est réellement prisonnier.

— Tu plaisantes.

— Je ne plaisante jamais, répondit le bourreau, alors entièrement dégrisé et regardant Giacomo de travers.

— A propos, dit le routier, je te dois dix ducats. Un honnête homme n'a que sa parole.

Il tira les pièces d'or de sa poche et les glissa une à une dans la main du bourreau.

— Hein ! fit-il, comme cela est pesant et sonore !

Que dirais-tu, si je t'en donnais deux cents tous pareils à ceux-ci ?

— Deux cents ducats !

— Bien comptés.

— Que faut-il faire ? demanda le bourreau, dont l'œil étincela d'une joie avide.

— Une chose très simple : nous aider à desceller les barreaux de cette lucarne.

Giacomo montrait l'étroite ouverture grillée, qui laissait pénétrer dans le cachot quelques faibles rayons du jour.

— Elle donne sur les fossés du rempart, poursuivit-il. Tu nous trouveras une corde pour y descendre ; nous les traverserons à la nage et tu auras gagné deux cents ducats.

— La belle avance ! dit le bourreau. Merci bien, toujours la même histoire : une potence au bout.

— Peuh ! fit le routier, ce sont là tes craintes ?

— Oui, je n'en rougis pas.

— Tu as tort, car elles n'ont pas l'ombre de sens commun. Nous aurons soin de te lier les membres et de te meurtrir le visage, afin qu'il soit facile de supposer qu'on t'a fait violence.

— Ah ! oui, fameux moyen, merci encore de celui-là ! dit le bourreau, qui se mit à réfléchir.

Fortement alléché par la rondeur de la somme, il cherchait à gagner les ducats sans compromettre sa peau.

— Tu ne songes pas, dit-il, que la lune donne toutes les nuits. Le rempart fourmille de sentinelles dont le coup d'œil est sûr et l'arbalète bien tendue. Vous n'atteindriez pas l'autre bord du fossé.

— Comment faire ? demanda Giacomo.

— Patience, je vais mûrir un plan.

— Mais nous n'avons pas une minute à perdre...

— C'est fâcheux, car il est impossible de vous faire évader avant huit jours.

— Huit jours dans ce souterrain maudit, plutôt la mort ! s'écria Paul rompant enfin le silence, malgré son dégoût pour l'interlocuteur.

— Messire, il est cependant nécessaire....

— Jamais !

— N'en parlons plus, dit froidement le bourreau. Je suis homme comme vous, et je tiens à ma vie autant que vous pouvez tenir à la vôtre. Si vous ne consentez pas à sortir dans huit jours, vous ne sortirez pas du tout. C'est fort simple.

— Enfin, s'écria Giacomo, quel est ton plan ?

— Voici ce que je vous propose. Hier, il y a eu treize prisonniers condamnés à mort par le Saint-Office : deux ont expiré dans les tortures, les onze autres doivent aller prochainement au supplice. Or, on prétend que la peste diminue, et l'on éprouvera le besoin de remercier Dieu qui, dans sa bonté, retire le fléau. Comprenez-vous?

— Pas encore, dit le routier.

— C'est facile pourtant : brûler des hérétiques,

voilà sans contredit ce qui est le plus agréable à Dieu...

— Et à toi ?

— D'accord. On fera donc, d'ici à la fin de la semaine, pourvu que l'épidémie aille toujours décroissant, un auto-da-fé sur la place de la cathédrale. Ce jour-là, vous me payez la somme convenue, vous endossez votre costume de pénitent noir, et vous vous joignez au cortège. Le reste sera votre affaire.

— Qu'en pensez-vous, messire ? dit Giacomo en se retournant vers Alighieri.

— Nous sommes perdus, lui répondit Paul à voix basse : dès que la peste est en décroissance, on n'attendra pas l'auto-da-fé pour envoyer hors du palais des limiers de la police papale, qui découvriront Blanche et la feront prisonnière.

— Vous oubliez, messire, que le cloître est un lieu d'asile. A moins que la fille du tribun ne se dénonce elle-même, où voulez-vous qu'on la reconnaisse et qu'on la découvre ?

— Écoute, dit Alighieri au bourreau, tant que les ordonnances qui défendent d'entrer au palais ou d'en sortir continueront d'être en vigueur, j'accepte le retard ; mais du jour où tu sauras que les communications se rétablissent avec la ville, nous promets-tu de favoriser notre fuite, n'importe par quel moyen ?

— Je vous le jure.

— Ce n'est pas tout ; je veux apprécier par moi-même s'il y a péril ou non pour nos intérêts : en conséquence, les huit jours de sursis que tu nous demandes, je les passerai, non dans ce cachot, mais chez la personne où tu m'as laissé conduire hier au soir.

Le bourreau fit quelques difficultés ; cinquante ducats payés d'avance le décidèrent. Il fut convenu seulement que Giacomo ne quitterait pas le souterrain, afin de pouvoir, en cas d'alerte, prévenir l'ami de Pétrarque de regagner sa prison.

François et Alighieri passèrent donc ensemble toute une semaine à observer les événements.

Ils acquirent la certitude que le pape et madame de Turenne, toujours sous l'influence de la peur et ne croyant pas à la diminution du fléau, n'avaient fait aucune tentative pour s'emparer de la fille de Rienzi, dont le rapport de l'espion du Saint-Office leur avait annoncé la présence dans la ville. Paul essaya de décider le poète à quitter Avignon pour Rome et à venir partager la fortune éclatante du tribun.

— Non, frère, lui répondit Pétrarque. Ici est le tombeau de Laure ; c'est ici que je veux mourir.

— Hélas ! nous ne sommes plus rien pour toi, puisque tu nous sacrifies à ton deuil.

— Ce deuil est ma vie ; tout autour de moi me rappelle la bien-aimée. Ne m'accuse pas, frère ; plains-moi plutôt !

Paul essuya une larme et lui tendit la main.

— D'ailleurs, ajouta François, je serai plus utile à notre ami en restant dans cette ville. Je te charge de lui dire que je trouve son œuvre grande et belle. Encourage-le de mes éloges ; quoi qu'il arrive, il est sûr de vivre dans la postérité.

— Si tu lui écrivais, frère ? Il serait plus sensible à cet encouragement direct qu'à mon rapport, tout fidèle qu'il puisse être.

Le poète prit la plume.

Ce fut alors qu'il dédia à Rienzi l'ode sublime *Spirito gentil*, y joignant une lettre qui est restée comme un monument de son enthousiasme pour les grandes choses accomplies par le tribun [1].

A la fin du septième jour, Alighieri renouvela ses adieux à Pétrarque et retourna dans le souterrain, où des mesures devaient être prises pour la délivrance.

Il sut que rien ne se disposait encore pour l'auto-da-fé ; tout annonçait un retard.

— Mais, dit le bourreau, peu nous importe. A

---

1. Voici l'un des principaux passages de cette lettre :

« *Salve, noster Camille, noster Brute, noster Romule, seu quolibet nomine dici cupis! Salve, romanæ libertatis auctor! Tibi debet præsens ætas quod in libertate morietur, tibi posteritas quod nascetur.* »

« Salut, notre Camille, notre Brutus, notre Romulus ! Je puis, si tu le désires, te donner d'autres noms glorieux. Salut, père de l'indépendance de Rome ! Grâce à toi, nous mourrons libres, et nos descendants ne naîtront plus esclaves. »

présent les nuits sont plus obscures et l'évasion par les fossés devient moins dangereuse : c'est un coup à tenter. Seulement, je pars avec vous ; je suis votre compagnon de route. L'ordre est, dit-on, rétabli à Rome ; par conséquent on y aura besoin de mes services.

Paul tressaillit comme s'il eût marché sur un reptile.

Giacomo fit une grimace de réprobation ; mais il fallut en passer par là, ou du moins feindre d'y consentir.

Du reste, le routier conçut un projet qu'il se promit de mettre à exécution le plus tôt possible.

A l'instant même on commença les préparatifs de fuite. Sur trois barreaux qui formaient la lucarne du cachot, deux furent descellés avec adresse et sans bruit ; on attacha une corde au troisième, et, en attendant la chute du jour, Giacomo, qui songeait à tout, s'amusa à construire avec des fascines et du liège une sorte de petit radeau qu'il eut terminé promptement et de la façon la plus convenable à l'usage qu'il en voulait faire.

La nuit tomba. Bientôt les ténèbres furent profondes et l'on donna le signal du départ.

Avant tout, le routier descendit son radeau, sur lequel il avait attaché ses vêtements avec ceux de ses compagnons de fuite, mesure très sage et très prudente qui devait leur permettre de nager plus facilement et de trouver des habits secs à l'autre bord.

Paul saisit la corde et opéra le premier sa descente ; Giacomo le suivit de près, et le gardien du cachot descendit ensuite.

Ils nagèrent doucement, avec précaution, poussant devant eux la petite embarcation de liège. Au bout de vingt brasses, ils atteignaient le talus opposé. Les sentinelles du rempart n'entendirent même pas le bruit de l'eau agitée par les fugitifs. Une fois sur l'autre bord, Giacomo tira les vêtements à lui.

Nos trois compagnons s'habillèrent, et l'on gagna l'intérieur de la ville.

Jamais entreprise n'avait réussi avec plus de bonheur. Alighieri allait revoir sa fiancée et la sauver d'un péril imminent.

Son cœur battait d'ivresse.

Arrivés à quelque distance du couvent des Augustines, Giacomo, sortant une bourse de sa poche et portant à son poignard la main qui lui restait libre, dit tranquillement à leur libérateur :

— Nous te promettons, *carissimo*, de te garder une reconnaissance très vive du service que tu nous a rendu ; mais ta compagnie n'aurait pas pour nous tous les agréments désirables ; en conséquence, nous te prions de nous en tenir quittes.

Il avait soin, en parlant ainsi, de faire grincer dans son fourreau de cuivre la lame de sa dague

— Vois, continua-t-il, si tu veux nous quitter à

l'amiable ou recevoir dans le ventre un coup de ce petit instrument. Tu as le choix.

Le bourreau prit le sac et disparut dans un carrefour voisin.

Paul et Giacomo, le voyant loin, vinrent frapper à la porte du monastère. Depuis longtemps on avait sonné le couvre feu ; mais les maisons religieuses du moyen âge s'ouvraient à toute heure de nuit pour exercer l'hospitalité. Les Augustines, d'ailleurs, tout entières à leur pieux dévouement, soignaient les pestiférés nuit et jour.

On indiqua aux fugitifs le pavillon où logeaient Blanche et Gertrude.

Tous les soirs, après souper, la nourrice avait l'habitude de s'endormir dans un large fauteuil de cuir de Hollande, laissant Conrad et la fille de Rienzi se livrer aux doux entretiens du premier amour.

Ce soir-là, les jeunes gens étaient tristes.

La supérieure, en faisant sa visite quotidienne, avait déclaré que le malade était assez fort pour sortir du monastère : on lui avait donc signifié qu'il eût à quitter la place le lendemain.

Cet ordre, contre lequel il n'y avait point de résistance possible, réveilla tout à coup les souvenirs de Conrad et l'arracha brusquement à son rêve. Il se rappela la mission sérieuse qu'il avait reçue. L'honneur lui faisant un devoir de partir au plus vite et de rejoindre son père ; mais il n'osait avouer à Blanche cette nécessité terrible, et la jeune fille, croyant qu'une séparation momentanée était la seule cause de sa tristesse, lui disait tendrement :

— Mon ami, consolez-vous. La colère du ciel s'apaise ; tous les jours la peste décroît. Retenu jusqu'ici au palais du souverain pontife, Pétrarque en pourra bientôt sortir, et nous retournerons habiter notre jolie maison de Vaucluse. Là vous pourrez nous rendre visite. Nous raconterons à l'illustre poëte comment nous nous sommes connus ; il appuiera notre amour et obtiendra l'approbation de mon père à notre mariage.

— Hélas ! murmura le jeune homme, il faut que je m'éloigne, Blanche ! Un devoir impérieux m'appelle en Italie.

— En Italie ? s'écria-t-elle ; à Rome peut-être ! C'est là qu'est mon père.

Conrad lui saisit les mains avec transport.

— Votre père est à Rome ; est-ce possible ? Alors je pourrai le voir, je pourrai lui dire que je vous aime et le supplier de vous donner à moi.... Oh! merci, mon Dieu, merci !

Ses joues étaient inondées d'heureuses larmes. Blanche aussi pleurait de joie.

— Oui, dit-elle, oui. Conrad, je vous charge de travailler à notre bonheur. Vous le voyez, Dieu est pour nous.

— Je t'aime ! je t'aime ! s'écria le jeune homme avec délire. Oh ! regarde-moi, ma bien-aimée ! ne baisse pas ainsi tes longs cils noirs : souffre que j'es-

6

suie de mes lèvres ces douces larmes que fait couler notre amour !

— Conrad, il est temps de nous séparer.

— Déjà ! Mais nous avons mille choses à nous dire encore ; mais je pars demain, Blanche, et tu ne m'as pas fait connaître le nom de ton père. Où le trouverai-je ? Ne me donneras-tu pas une lettre pour me présenter à lui ?

Ces paroles si simples venaient de causer à Blanche un tressaillement où Conrad crut saisir une nuance d'effroi.

Jusqu'à ce jour le secret le plus absolu avait été gardé sur l'origine de la fille de Rienzi, et l'on avait eu pour cela, comme on le sait, des motifs fort graves.

Mais Blanche peut-elle s'entourer de mystère avec l'homme dont elle est aimée ? est-ce lui qu'elle doit craindre ?

Conrad crut lire de l'hésitation dans son regard.

— Vous me refusez les renseignements que je vous demande, et vous regrettez peut-être de m'avoir donné de l'espérance, dit-il avec un accent de tendre reproche.

— Oh ! vous ne pouvez le croire ! répondit Blanche. Depuis mon séjour dans cette ville, on a soigneusement caché le nom que je porte, car les ennemis de mon père eussent essayé de me nuire ; mais je n'hésite pas un seul instant, Conrad, à me fier à vous. Celui près duquel vous allez plaider la cause de notre amour, celui qui tient entre ses mains mon sort et le vôtre, c'est Rienzi, tribun de Rome.

Le fils de Montréal bondit d'épouvante ; il se dressa, pâle, éperdu, frémissant.

— Rienzi ! cria-t-il....... c'est impossible !..... Oh ! dites que vous me trompez ; dites que vous voulez me soumettre à une épreuve..... Rienzi !..... vous, la fille de cet homme...

— Silence ! au nom du ciel, silence ! dit Blanche avec terreur.

On frappait à la porte.

Elle s'ouvrit. Paul et le routier parurent au seuil de l'appartement.

Conrad retomba sur son siège en poussant un cri sourd.

— Blanche ! ma chère Blanche ! dit Alighieri, qui s'élança tout joyeux vers la jeune fille.

Mais il s'arrêta soudain en voyant un étranger dans la chambre.

Il s'approcha, regarda tour à tour Conrad et Blanche ; puis croisant les mains sur sa poitrine pour en comprimer les pulsations violentes :

— Un homme chez vous ...... à une pareille heure ? balbutia-t-il d'une voix où la surprise se joignait au désespoir. Quel est cet homme ? où sont ses droits ?..... Vous avez donc autorisé cette visite ?... Parlez, je vous en conjure, parlez !

Blanche frémissante se voila le visage et ne fit aucune réponse.

Elle venait de reconnaître l'ami de son père, celui que de tout temps le tribun lui avait destiné pour époux, et dont le souvenir, hélas ! s'était entièrement effacé de sa mémoire.

Jamais elle n'avait ressenti pour le fils du Dante qu'une sorte d'affection fraternelle qui permettait à son amour pour un autre de se développer sans trouble et sans remords.

Paul reprit d'une voix lente et contenue :

— Signora, Rienzi est à Rome au comble de la puissance. Il m'a dit ; « Va chercher ma fille, va chercher ta fiancée. » Si je ne ramène pas la fiancée, signora, il faut du moins que je ramène la fille : tenez-vous prête à partir.

Sous l'apparence du calme, la voix d'Alighieri trahissait une douleur si profonde, que Blanche, agitée d'un trouble qui ressemblait au remords, tomba à genoux, joignit les mains et s'écria :

— Pardonnez-moi, Paul, pardonnez-moi !

Giacomo venait de réveiller Gertrude.

Quant au fils de Montréal, il contemplait cette scène avec un saisissement cruel. Son cœur saignait, son âme était en proie à de vives tortures ; mais, faisant sur lui-même un courageux effort, il se leva, s'avança vers Paul et lui dit :

— Vous étiez le fiancé de cette jeune fille, messire. Je prends Dieu à témoin qu'elle est toujours pure et digne de vous. Il y a dix jours à peine que, frappé du fléau à la porte de ce monastère, je me suis vu secouru par un ange libérateur, et la reconnaissance, je l'avoue, a fait naître l'amour. Mais je respecte un engagement sacré ; je vous jure de ne plus revoir celle dont la tendresse m'eût été plus chère que la vie. L'honneur et le devoir m'ordonnent de renoncer à elle... Adieu, messire, adieu !

Conrad s'élança hors de la chambre, fit seller son cheval, quitta le couvent, piqua des deux, et courut ventre à terre dans les rues d'Avignon.

Bientôt il eut franchi les portes de la ville et galopa dans la campagne.

Il ressemblait au cavalier de la ballade. Son manteau blanc lui donnait l'air d'un fantôme, et son cheval, martelant le pavé d'une antique voie romaine, en faisait jaillir des milliers d'étincelles.

VI

VISITE AU TRIBUN

Le messager du pape et de madame de Turenne courut ainsi plus d'une heure, la tête perdue, fuyant comme si la tempête l'eût emporté sur ses ailes.

Peu à peu néanmoins la fraîcheur de la nuit calma son front brûlant.

Il cessa d'éperonner sa monture, étancha la sueur qui descendait à larges gouttes sur son visage et chercha à se rendre compte des événements qui venaient de se passer.

Blanche, fille du tribun de Rome ! cette pensée prenait un corps et se dressait devant lui comme quelque chose de monstrueux et d'horrible. Il avait beau la repousser, toujours elle revenait menaçante, fatale, implacable.

Enfin il prit le parti de s'y arrêter de lui-même et la regarda bien en face, en plaçant à côté d'elle une autre pensée, celle de son amour.

Aussitôt, par une bizarre contradiction de l'esprit humain, l'épouvante cessa, les teintes sombres disparurent; l'image de la bien-aimée chassa le spectre du désespoir, et Conrad pleura ce beau rêve d'amour qu'un si brusque réveil venait d'anéantir.

Soulagé par ses larmes et leur donnant un libre cours, il se demanda pourquoi il renoncerait à toute espérance et regretta le mouvement de générosité, où plutôt le point d'honneur qui l'avait porté à faire le sacrifice de sa tendresse.

Un instant, il fut sur le point de rebrousser chemin, pour se jeter aux genoux de Blanche et lui demander grâce.

Mais une autre succession d'idées le détourna de ce projet.

S'il a compris ce qui vient d'avoir lieu, la fille du tribun va revenir à Rome : par conséquent il pourra l'y retrouver et, d'ici là, tout achèvera sans doute de le convaincre qu'il s'est exagéré la portée des choses.

Montréal d'Albano, son père, n'est peut-être pas aussi hostile à Rienzi qu'on veut bien le croire, et le tribun lui-même n'est point évidemment cet homme sans foi, sans grandeur, ce manant impur dont on lui a fait le portrait au château du pape.

Il le verra, cet homme ; il ira causer avec lui, sonder ses intentions, étudier ses desseins ; il s'assurera par lui-même s'il doit y avoir entre Blanche et lui une barrière éternelle.

Cette résolution acheva de calmer son trouble.

Pensant avec justesse qu'un individu capable de se rendre maître d'une ville et de saisir les rênes du pouvoir ne devait pas être une nature vulgaire, il se demanda pourquoi l'on s'égorgerait sur des malentendus.

Lui, Conrad, ne peut-il devenir le lien qui réunira les intérêts divisés ?

Son hymen avec Blanche sera le signal de la concorde, et l'ange protecteur qui l'a sauvé de la mort sauvera l'Italie de la guerre.

Quant à ce personnage qui est venu se jeter entre lui et son amante et qui se donnait le titre de fiancé, quels droits revendiquera-t-il, puisque Blanche ne l'aime pas ?

Il voyageait à grandes journées et charmait les ennuis de la route avec ces illusions et ces espérances.

Ayant franchi les Alpes, il traversa le Milanais, les États Sardes, s'embarqua à Gênes, et douze jours après son départ d'Avignon, il abordait au port d'Ostie.

Là, Conrad s'informa de son père.

Il apprit que Montréal, après avoir rassuré les divers corps de troupes battus par Rienzi et disséminés dans un espace de trente lieues, venait de passer le jour même aux environs, d'Ostie pour aller bloquer Rome.

Ainsi, du premier coup, tous les projets de Conrad rentraient au néant.

De nouvelles terreurs l'assaillirent. Il lança son cheval au milieu des steppes désolés de la campagne romaine, et, deux heures après, il était aux avant-postes du camp de son père.

Arrêté par le qui-vive des sentinelles, il déclina son nom.

Bientôt Montréal lui-même accourut à sa rencontre ; il pressa joyeusement son fils contre son cœur.

C'était un homme de haute stature, dont le visage bronzé par le séjour des camps avait une expression d'énergie qui approchait de la rudesse. Toutefois, en ce moment, sa physionomie de soldat s'illuminait en regardant Conrad ; elle prenait un air affectueux et presque tendre.

— Enfin je te revois, cher enfant ! s'écriait-il. Comme tu es beau ! quelle tournure noble et fière ! Lorsque je t'ai fait mes adieux, il y a sept ans, tu entrais à peine dans l'adolescence ; mais aujourd'hui tu es un homme, un chevalier ! Nous allons ensemble acquérir de la gloire, chasser le brigand qui règne à Rome, et y rétablir le Saint-Père.

— Rienzi est donc un brigand ? demanda Conrad d'une voix palpitante.

Sans répondre à cette question, Montréal lui dit :

— Tu dois avoir une lettre du pape?

— En effet, murmura le jeune homme.

Il lui donna le pli qu'il avait reçu des mains de Clément VI.

Le général en prit lecture.

— Fort bien, dit-il. Justement Colonne, Orsini et Farnèse m'appellent à un rendez-vous dans les murs de la ville. Sa Sainteté m'autorise à m'entendre avec eux : nous allons partir.

— Vous me conduisez à Rome, mon père ?

— Oui. Mais tu es peut-être fatigué du voyage ?

— Non, non ! s'empressa de répondre Conrad : je vous suis.

Montréal rentra dans sa tente, jeta par-dessus ses épaules un long manteau, se coiffa d'un large feutre à la mode des calabres, et en abaissa les bords de manière à se cacher la figure. Ainsi vêtu, il fit prendre à son fils un costume absolument semblable ; puis ils sortirent du camp et se jetèrent dans un chemin creux, bordé de chaque côté de pierres tumulaires.

Au bout d'une heure de marche, ils étaient sous les murs de Rome.

Pour s'épargner les questions des gardes de la porte, ils franchirent une brèche du vieux rempart, sur la rive gauche du Tibre, et allèrent descendre à une auberge du Corso.

Ils y étaient à peine entrés, qu'un homme, ayant un manteau et un feutre tout pareils aux leurs, vint frapper sur l'épaule de Montréal.

— Bien ! c'est de l'exactitude, lui dit cet homme ; je vous attendais.

— Qui êtes-vous ?

— Celui dont, ce matin, vous avez dû recevoir un message, puisque vous arrivez juste au lieu et à l'heure indiqués.

Montréal ôta respectueusement son feutre.

— Le comte de Romagne ! murmura-t-il.

— Moi-même. Agréez nos compliments et croyez au vif désir que j'ai toujours eu, vaillant capitaine, de trouver vos intérêts unis aux nôtres.

— Tout s'arrange pour le mieux, seigneur comte, dit Montréal ; il me répugnait d'agir sans ordre direct, et voici mon fils qui arrive d'Avignon, porteur d'une lettre nette et précise, par laquelle je suis complètement autorisé à m'entendre avec vous...

Le noble Romain regarda Conrad.

— Vous avez fait tout ce trajet seul et sans escorte, jeune homme ? lui demanda-t-il.

— Oui, monseigneur.

— Je vous félicite, c'est du courage ; vous serez un digne fils de votre père.

Conrad s'inclina.

Montréal et lui se trouvaient, comme l'a déjà deviné le lecteur, en présence du personnage sur lequel les ennemis du tribun comptaient surtout pour le perdre.

La famille des Colonne, la plus puissante de Rome peut-être, et celle qui s'était rendue coupable de plus d'exactions pendant les jours d'anarchie qui avaient précédé la république, était alors frappée d'une sentence d'exil et ne pardonnait pas à Rienzi de l'avoir chassée de ses villas et de ses palais.

Son chef actuel, le comte de Romagne, caractère haineux et implacable, était parvenu à rentrer secrètement à Rome avec plusieurs autres nobles, et à s'y soustraire aux recherches.

Rusé, persévérant, intrépide, habile à prendre tous les masques et ne reculant jamais devant un crime, pourvu que ce crime renversât un obstacle ou le conduisît au but, Colonne était sans contredit l'adversaire le plus terrible qu'eût à redouter le tribun.

Depuis un mois, il avait noué le fil de mille intrigues.

Il se glissait partout, dans le taudis de l'homme du peuple comme dans le palais du magistrat, séduisant les uns, intimidant les autres, excitant à la défiance, prêchant la chute du gouvernement populaire et entourant Rienzi d'un inextricable réseau de haine et de trahison.

— Tous nos amis, dit-il à Montréal, ne seront réunis que ce soir dans les ruines du Colisée. D'ici là, je puis disposer d'une heure et discuter avec vous quelques mesures. Tout est prêt, le tribun donne tête baissée dans nos pièges.

— Prenez garde, seigneur comte ! Rienzi tient du renard et du lion tout ensemble : le renard dissimule peut-être, et la griffe du lion n'en sera que plus terrible.

— Fadaises ! On fait trop d'honneur à ce rustre. Il ne soupçonne rien, vous dis-je, et la preuve c'est que je suis son plus intime confident, son conseiller de prédilection.

— Vous ? murmura le général avec stupeur.

— Chut ! fit Colonne : assez là-dessus. Il va sans dire que je manœuvre sous un déguisement. Rienzi n'a pas deviné jusqu'à ce jour et ne devinera jamais son ennemi mortel dans celui qu'il honore d'un tout autre titre.

Conrad avait écouté ce mystérieux entretien.

— Mon père, dit-il, j'ai besoin d'un peu de repos et si vous vouliez me permettre.....

— Va, mon ami, dors quelques heures ; je t'éveillerai moi-même pour la réunion de ce soir, à laquelle je veux que tu assistes.

Le jeune homme salua et sortit de la chambre.

Mais, au lieu de demander un lit, il s'empressa de quitter l'auberge et de parcourir les rues de la ville. Une fois à distance et sûr de n'être pas suivi, il glissa quelques réales dans la main d'un artisan et se fit conduire à la demeure du tribun.

Il s'arrêta bientôt devant une maison modeste, dont le vestibule, ouvert à tous, n'était encombré ni de valets ni de sentinelles.

Rienzi ne voulait être gardé que par l'amour du peuple.

Six semaines se sont écoulées depuis que nous l'avons vu gravir les marches du Capitole au bruit des acclamations des Romains. Ses ennemis alors laissaient entrevoir déjà leurs desseins perfides, et, à partir de ce moment, ils ont gagné du terrain chaque jour. La nature honnête et loyale du tribun le livre sans défense à leurs menées ténébreuses.

Lui, qui n'a que des intentions droites, lui qui prouve par tous ses actes le désir exclusif de donner aux habitants de Rome la paix et le bonheur, ne peut comprendre qu'on entrave ses projets ni qu'on mette obstacle à son œuvre ; il ne devine pas la trahison sous le manteau du dévouement, la haine sous les apparences de l'amitié. Ses ennemis lui dérobent aisément leur trame. Ils ont réussi bien vite à éteindre les premiers soupçons qu'il avait conçus. Achetés par l'or des nobles, les magistrats de la ville lui font des rapports menteurs ; sa police particulière, vendue à Colonne, ne laisse arriver à lui d'autres détails que ceux dont Colonne lui-même a compris le peu d'importance, ou qui servent à accroître la fausse sécurité de celui dont il a juré la ruine.

En un mot, on exploite chez Rienzi non pas un

manque d'habileté, mais un excès de confiance et de franchise.

Le tribun caresse, depuis le départ d'Alighieri, son rêve d'union cordiale avec Clément VI ; il s'abandonne aux flatteuses espérances de l'avenir sans se douter des dangers du présent.

Fort de sa droiture, il la croit évidente pour tous.

Ne soupçonnant personne, il n'interroge personne, et ne sait même pas que, le jour même, les troupes de Montréal sont venues camper à trois milles des portes de Rome.

Seul, dans une sorte de cabinet sombre, il se livre à ses pensées et se promène à grands pas.

— Point de nouvelles d'Avignon ! se dit-il avec inquiétude. J'avais cependant recommandé à Paul de ne pas attendre la fin des négociations pour m'expédier un courrier. Point de nouvelles ! et la peste continue ses ravages, et ma fille peut-être... Oh ! non, non ! vous ne voudriez pas m'éprouver ainsi, Seigneur ! vous savez trop combien j'ai besoin de courage et de persévérance.

Il alla vers son bureau, s'assit et décacheta plusieurs lettres.

— Messieurs les ambassadeurs d'Espagne et de Hongrie me demandent audience ?... Eh ! ma porte est ouverte à tout venant ; qu'ils entrent chez moi comme les autres et laissent de côté le cérémonial. Les grands hommes de l'antiquité ne connaissaient point l'étiquette : en étaient-ils moins habiles à régler les affaires pendant la paix et à battre l'ennemi pendant la guerre ? A mesure qu'elles perdent de leur puissance, les nations descendent aux niaiseries et aux petitesses de la forme ; elles ont besoin de cacher leur néant sous le voile de l'apparat. Oui, le père Antoine a beau dire, je suis plus grand par mon œuvre que par tous les dehors dont je pourrais m'entourer. Rome a des palais ; mais, si j'habite ces palais, en aurai-je plus de mérite et de grandeur ? Si je prends un titre, ne mentirai-je pas au principe solennel de l'égalité républicaine ? Si je me pare comme les gentilshommes, de velours et de satin, serai-je reconnu du peuple qui m'a vu sortir de ses rangs et dont mon obscurité seule a fait naître la confiance ?... Non, mille fois non ! Je crois le père Antoine sincère ; son dévouement n'est pas douteux, et ses avis, dans tout le reste, me semblent pleins de sagesse. Mais pour cela je ne céderai pas.

Le tribun reprit sa promenade de long en large de la chambre.

— Il y a près d'un mois, murmura-t-il, que Paul est auprès du pape ; un mois ! il aurait pu déjà m'envoyer deux courriers. C'est incroyable. Sûrement il est arrivé quelque malheur. Blanche, ma fille bien-aimée, ma seule joie, ma seule consolation sur la terre, pourquoi t'ai-je éloignée de Rome ? Je craignais, au milieu de ces luttes politiques, de compromettre tes jours. Hélas ! hélas ! ma tendresse prévoyante a peut-être causé ta perte ? Ne t'ai-je envoyée à Avignon que pour y trouver la mort ?...

— Votre fille existe, rassurez-vous, dit une voix qui fit tressaillir le tribun.

Se retournant du côté de la porte, il aperçut un étranger qui s'inclinait devant lui.

— Ma fille ! Vous avez vu ma fille ? s'écria Rienzi, courant à Conrad et lui prenant les mains avec émotion.

— Oui, monseigneur.

— Ne me donne pas ce titre, jeune homme ; il ne m'appartient pas. Rienzi, tribun de Rome, est un enfant du peuple, qui n'est rien que par le peuple. Des nouvelles de Blanche !.... Appelle-moi ton ami, ton frère, et puissent toutes les bénédictions du ciel descendre sur toi, puisque tu m'annonces le premier que le fléau a respecté ma fille ! Mais qui es-tu donc ?

— Je me nomme Sainte-Croix ; je suis chevalier français.

— Tu arrives d'Avignon ?

— J'arrive d'Avignon.

— Mais Blanche, où l'as-tu rencontrée ? Comment se fait-il ?...

— Rienzi, vous êtes le père d'une sainte et courageuse enfant. Elle m'a sauvé de la mort, et je rends témoignage à ses vertus. Obligé de quitter le comtat Venaissin pour venir en Italie, c'était un devoir sacré pour moi de visiter un homme qui touche de si près à celle qui a conservé mes jours.

Aussitôt il raconta comment il avait été frappé de la peste au seuil du monastère, et quels soins touchants Blanche n'avait pas craint de lui prodiguer.

Le tribun, l'œil humide, écouta ce récit de Conrad ; puis il s'agenouilla et dit, en levant les mains au ciel :

— Il est donc vrai, Seigneur, que tous les dévouements sont bénis par votre providence ! Vous avez protégé ma fille, daignez me protéger à mon tour, et que Rome soit délivrée du fléau de la misère, comme ce jeune homme a été sauvé de celui de la peste !

Se relevant ensuite et attirant Conrad dans ses bras :

— Viens, lui dit-il, embrasse-moi !... Oh ! n'est-ce pas qu'elle est douce et bonne ? n'est-ce pas qu'un père doit être glorieux de posséder un pareil trésor ?... Mais Blanche habitait un monastère, dis-tu : elle était seule avec Gertrude ? Et celui que j'avais chargé de veiller sur elle, Pétrarque, ne peux-tu me rassurer également sur son sort ?

— Dieu a préservé de la contagion le grand poëte ; il habitait le palais des papes, où il était sévèrement défendu d'entretenir aucune espèce de communication avec le dehors.

— Blanche n'a-t-elle pas reçu dans ce cloître la visite d'une autre personne, d'un ami auquel j'avais donné mission de la ramener dans cette ville?

En effet, dit Conrad, agité d'un sentiment pénible... son fiancé, je crois? ils doivent être en route et approcher de Rome.

— Oh! merci! dit le tribun : chacune de tes paroles achève de m'enlever le poids terrible que j'avais sur le cœur, merci!

— Vous n'avez donc plus rien à craindre et j'en suis heureux, s'empressa d'ajouter Conrad, voulant s'épargner de nouvelles questions, auxquelles il lui eût été difficile de répondre. Je rends grâces au danger de mort qui m'a fait connaître votre fille à Avignon, puisque cela m'a servi à me présenter dans cette demeure et à y voir l'illustre citoyen qu'on juge si diversement, et que j'ai voulu juger par moi-même.

— Ah! prenez garde, monsieur le chevalier! ce n'est pas adroit de me parler de la sorte, dit Rienzi avec un sourire ; je vais étudier ma contenance, peser mes discours et ne m'offrir à vos yeux que du beau côté.

— Je vous crois trop honnête et trop sincère pour essayer d'égarer mon jugement, répondit Conrad.

— Tu as raison, jeune homme. Viens, prends un siège, et demande à Rienzi sur sa propre conduite toutes les explications que tu jugeras convenables.

— Je ne me permettrai pas de vous interroger. Maintenant que je vous ai vu et entendu, je reconnais déjà que vous êtes un homme extraordinaire, chez lequel le cœur doit vibrer puissamment.

— Ton opinion, mon fils, est trop flatteuse. Il est vrai que je ne ressemble pas à ces froids politiques dont les maximes ont perdu jusqu'ici les nations. Les connais-tu ces philosophes pernicieux? ils ont le cœur remonté dans la tête, et regardent la misère du peuple comme un rouage nécessaire à la machine gouvernementale.

— C'est vrai, dit Conrad. Permettez-moi seulement de vous présenter quelques observations pour achever d'éclaircir les doutes qu'on m'a jetés dans l'esprit.

— Tu as l'air embarrassé, mon fils. Laisse-moi deviner ces doutes et poser moi-même les questions auxquels je dois répondre. N'arrives-tu pas de la cour des papes, et crois-tu que j'ignore les discours qu'on y tient sur ma personne? On t'a dit, n'est-il point vrai, que j'étais un ambitieux de bas étage, et que je décorais cette ambition du titre pompeux d'amour du peuple?

— Je l'avoue, répondit le jeune homme.

— Eh bien, regarde si j'ai l'air d'un ambitieux. Rienzi est, en ce moment, ce qu'on l'a vu toujours, simple, modeste dans ses goûts, et n'ayant qu'une pensée, qu'un désir : le bonheur des Romains, la gloire de son pays. Écoute, mon fils : c'est ma vie tout entière que je te raconte en deux mots. J'ai vu l'Italie en proie à des vautours, et j'ai résolu de mettre un terme à cette indigne curée. En parcourant l'histoire qui a semé sur cette vieille terre de si précieux souvenirs, je me suis demandé pourquoi Rome resterait à jamais dans un état de décadence. Sous le joug des papes, a-t-elle cessé de souffrir? Sous le joug des empereurs n'a-t-elle pas été esclave?

— C'est vrai, dit Conrad.

— Empereurs et papes, après s'être pendant deux siècles disputé cette proie, se sont mis à l'abandonner d'un commun accord pour la livrer à des corbeaux voraces, vautours au petit pied qui se sont abattus sur elle comme sur un cadavre. Rome n'avait plus de gouvernement ; les hauts barons italiens, tranformés en chefs de *bravi*, se retranchaient dans chaque édifice de la ville sainte, comme dans autant de forteresses, et faisaient des sorties dans les rues de la ville pour en dévaliser les habitants. Enfin, ainsi que l'a dit Pétrarque dans son ode sur les malheurs de l'Italie, « Rome, souillée de sang et de fange, les yeux baignés de pleurs et les cheveux épars, appelait au secours du haut de ses sept collines! » Ce fut alors, mon fils, qu'après avoir étudié longtemps la cause de nos malheurs, j'ai cru devoir y chercher un remède. En avais-je le droit?

— Oui, certes, comme on a le droit d'éteindre un incendie ou d'empêcher un meurtre.

— Avant de commencer ma tâche, poursuivit le tribun, je me suis profondément recueilli dans le

Seigneur. Religieux par conviction, ferme dans mes croyances, je n'ai pas voulu qu'on m'accusât d'ébranler par des efforts impies la puissance du chef de l'Église ; j'ai demandé que la réforme politique fût faite par le pape et avec le pape. Une députation dont j'étais le chef a supplié Clément VI de venir assister à la renaissance de la république romaine : le voluptueux pontife et sa folle maîtresse ont ri de nos projets, se sont moqués de nos discours, et c'est à la suite de cette inutile tentative que, ne pouvant agir de concert avec le pape, je suis revenu à Rome, — à Rome, de plus en plus malheureuse et désolée.

— Rienzi, dit Conrad, votre conduite est sans reproche ; vous aviez mis de votre côté la justice et le devoir : rien ne pouvait plus vous empêcher d'agir seul.

— N'est-ce pas, mon fils? En remontant les âges et en les redescendant jusqu'à nos jours, j'avais vu Rome donner de siècle en siècle des regrets à son antique liberté. Elle tâchait de se faire illusion sur sa chute et décorait ses chefs éphémères des noms de consuls, de sénateurs, de tribuns. Ne pouvant s'appartenir à elle-même, elle se livrait tantôt à la papauté, tantôt à l'empire, et faisait en quelque sorte de l'indépendance dans son esclavage. A ces signes, j'ai cru reconnaître la possibilité de rendre les Romains d'aujourd'hui dignes des Romains d'autrefois ; j'ai soufflé sur les cendres de la liberté pour la faire renaître plus belle et plus radieuse. Mon enthousiasme a gagné tous les cœurs, et Rome, en face du monde étonné, a proclamé la restauration de son ancienne république.

Rienzi parlait avec un calme solennel, sans orgueil, sans emphase.

Il y avait sur son noble visage une conviction si profonde, un entraînement si communicatif, que le fils de Montréal se leva, lui saisit la main et lui dit avec transport :

— Vous êtes sublime !

— Je suis vrai, mon fils ; je t'ouvre mon cœur, comme je suis prêt à l'ouvrir à tous ceux qui voudront me demander compte de mes pensées, de mes sentiments et de mes actes. Maintenant, souffre que je t'interroge à mon tour : Que viens-tu faire à Rome ? Quelle raison assez grave a pu te contraindre à prendre les devants, lorsque la reconnaissance du service rendu devait t'engager à escorter ma fille pendant la route, et à te joindre à celui qui a mission de la protéger et de la défendre ?

Ces deux questions étaient aussi simples que naturelles.

Pourtant Conrad sentit la rougeur lui monter au front, son cœur battit avec violence.

Mais il recouvra du sang-froid et dit avec fermeté :

— Rienzi, je n'ai point de réponse à faire à ta première demande : le but de mon voyage à Rome est un secret qui n'appartient pas à moi seul, et que je ne puis trahir sans la permission de celui qui le partage. Mais il est une chose que je puis te certifier dès à présent, c'est que si j'avais pu me joindre à tes ennemis avant de t'avoir connu, je ne le ferais plus à cette heure, dussé-je pour cela m'exposer à la mort.

— Je te crois, noble jeune homme, dit le tribun ; ta voix a un accent de vérité qui va droit au cœur et jamais un traître ne réussirait à m'émouvoir ainsi... Je te crois !

— Quant à la seconde question, reprit Conrad, elle dépend trop de la première, du moins en ce qui me concerne, pour que je ne garde pas également le silence. Dieu veuille que je puisse bientôt le rompre, et cela devant ta fille !

Rienzi lui jeta un regard plein de surprise.

Il allait sans doute insister pour avoir le sens de cette phrase énigmatique, lorsqu'on frappa trois coups à la porte.

— Ouvrez ! dit le tribun.

Une députation nombreuse, conduite par un moine à barbe vénérable envahit aussitôt la chambre.

Elle était composée des officiers du corps de ville, du sénat et de tous les magistrats de Rome, qui s'inclinèrent profondément devant Rienzi.

Un seul individu de la troupe oublia de lui rendre hommage : ce fut le moine, auquel la vue de

Conrad venait de causer un brusque tressaillement. Il profita du tumulte occasionné par l'entrée subite de tant de personnages pour s'approcher du jeune homme et lui dire à l'oreille :

— Malheureux! que faites-vous ici!... Est-ce la place du fils de Montréal?

Le visage de Conrad se couvrit de pâleur.

Il essaya de glisser un regard sous le capuchon du moine; mais ce capuchon, complétement rabattu, ne permettait pas de reconnaître celui qui venait de l'interpeller. Néanmoins, un soupçon lui traversa l'esprit.

— Qui êtes-vous? murmura-t-il.

— Je te le dirai ce soir, au rendez-vous des ruines, lui répondit le moine d'une voix menaçante.

Conrad frissonna.

La porte de la chambre était restée entr'ouverte; il s'élança vivement sous le vestibule et sortit de la maison du tribun.

VII

IL REVERENDISSIMO PADRE ANTONIO

Cependant la députation, après avoir salué Rienzi, se divisa en trois groupes, le groupe des sénateurs, le groupe des échevins et le groupe des édiles.

Tenant toujours son capuchon baissé, le moine vint se placer à la droite du tribun qui lui demanda froidement :

— D'où vient, je vous prie, Dom Antonio, que je reçoive aujourd'hui la visite de la magistrature romaine ? ai-je invoqué son concours, la patrie est-elle en danger, l'ennemi est-il à nos portes ?

— Non, grâce à Dieu, dit le moine avec un léger frisson dans la voix.

Il se remit aussitôt de son trouble.

— Si jamais l'ennemi se présente, très cher fils

en Jésus-Christ, continua-t-il d'un air paterne, tu seras là pour le vaincre.

— Vous ne répondez pas à ma question, mon père : pourquoi venez-vous ainsi accompagné ?

— Plus bas, cher fils, parle plus bas ! et ne me condamne point sans m'entendre. C'est moi qui ai provoqué cette manifestation pour mettre un terme à tes scrupules et te décider enfin à donner à ton autorité l'éclat convenable.

Rienzi lui lança un coup d'œil sévère ; mais son interlocuteur reprit sans s'émouvoir :

— Tout ce qu'il y a dans Rome de personnages illustres et haut placés va t'exprimer des vœux qui, tu ne l'ignores pas, sont depuis longtemps les miens. Lorsque je te donnais seul un conseil, tu pouvais douter de ma sagesse et de ma prudence ; mais quand la ville tout entière t'aura parlé par la bouche de ses magistrats, peut-être enfin te rendras-tu.

— Dom Antonio, dit Rienzi, votre zèle vous emporte trop loin. Vous connaissez mes sentiments et mes principes de conduite, je n'en changerai pas.

— Silence, au nom du ciel, silence ! Ils écoutent, et tu t'exposes à décourager des hommes qui te sont dévoués, qui t'admirent, et dont le secours, malgré ta toute-puissance, te sera plus d'une fois nécessaire.

— Mais que veulent-ils, que demandent-ils ?

— Tu vas l'apprendre. Seulement, je t'en conjure, point de refus ; ils pourraient le considérer comme une offense. Prête l'oreille à leurs discours ; sois affectueux, bienveillant : nous discuterons après ce qu'ils t'auront proposé.

Rienzi céda de guerre lasse.

— Vous pouvez parler, illustres magistrats, continua le moine, en se tournant vers le groupe qui se trouva à sa gauche : notre sublime tribun vous écoute.

Le chef des sénateurs s'avança aussitôt et s'inclina.

— Au nom du sénat romain, dit-il, qui doit, grâce à tes soins, reprendre son antique splendeur, nous venons te supplier d'accepter des titres en rapport avec les hautes destinées que le ciel te réserve.

— Ne m'avez-vous pas nommé tribun ? ce titre me suffit.

— Mais il ne nous suffit pas, à nous qui voulons la grandeur de la république et ton triomphe. Il faut que le maître de Rome puisse traiter d'égal à égal avec les empereurs et les rois ; il faut qu'il résume en lui tout l'éclat d'une restauration glorieuse : en un mot, le sénat réuni a déclaré à l'unanimité que tu signerais dorénavant de la sorte au bas de toutes les ordonnances et de tous les actes publics : « *Sévère et Clément libérateur de Rome, zélateur de l'Italie, amateur de l'univers et tribun auguste*[1]. »

1. Histoire de la conjuration de Rienzi. (*Bibliothèque impériale.*

Rienzi fit un geste d'impatience.

— Prends garde ! murmura le moine, il n'y a rien là qui blesse les institutions républicaines. Ne te fais point d'ennemis !

Il se tourna vers le second groupe.

Au chef des sénateurs succéda le premier échevin.

— Nous te supplions, auguste tribun, dit ce nouveau personnage, de vouloir bien accepter les insignes de ta haute dignité et de ton omnipotence. Chaque jour tu as à recevoir les ambassadeurs des royaumes de l'Europe, il ne faut pas que leurs yeux, habitués aux splendeurs des cours, puissent te juger sottement sur des apparences trop modestes. Tout en n'ayant ni sceptre ni couronne, ta majesté doit être égale à celle d'un roi.

L'échevin parlait avec feu ; un véritable enthousiasme semblait animer son discours.

Rienzi commençait à s'émouvoir.

Son œil devint brillant, quand l'orateur se mit à déployer un manteau de drap d'or, d'une magnificence et d'une richesse sans égales; il offrit avec cela au tribun une espèce de bâton de commandement, surmonté d'un globe et d'un aigle aux ailes déployées. On remarquait aisément l'effet de ces somptueux insignes sur celui auquel on en faisait hommage.

Le moine se pencha de nouveau vers le tribun.

— Si l'on n'avait pas redouté ta modestie, lui dit-il, on l'aurait offert le manteau de pourpre : César le portait.

Le cœur de Rienzi battait avec violence.

Cette conspiration, tramée contre lui pour le faire succomber aux tentations de l'orgueil, devait tôt ou tard réussir.

Avant qu'il lui eût été possible de dominer son émotion, le doyen des édiles sortit du troisième groupe et lui dit :

— Rome est fière de ses héros. Elle dresse à ses grands hommes des statues et des arcs de triomphe après leur mort ; mais de leur vivant elle veut qu'ils habitent ses palais. En conséquence, sublime tribun, les portes du Vatican sont ouvertes pour te recevoir. C'est là que doit être désormais ta demeure, c'est de là que tu dois parler à l'Italie et au monde ! Les édiles ont rendu ce séjour digne de toi ; des serviteurs et des gardes t'y attendent, un carrosse est à la porte pour t'y conduire...

— Allons, viens, mon fils ! dit le moine à Rienzi, que le démon des grandeurs et de l'ambition entourait à la fois de tous ses prestiges.

Il eut néanmoins comme un remords, ou plutôt il entrevit l'embûche qu'on voulait lui tendre.

Repoussant la main du moine, il répondit à la députation :

— Citoyens magistrats, nobles sénateurs, échevins et édiles de Rome, votre démarche me touche autant qu'elle m'honore. Toutefois, c'est ici le cas de vous le dire, mes convictions et mes principes m'ont défendu jusqu'à ce jour d'accepter des honneurs et de recevoir des distinctions que je crois inutiles : cela ne diminuerait point les difficultés de ma tâche et ne me donnerait pas plus de force pour l'accomplir. Laissez-moi donc peser mûrement et sérieusement vos ordres ; si je te vois un avantage d'utilité publique à les accepter, je promets de me rendre aux vœux qu'on m'exprime, sinon permettez-moi de rester comme je suis, et ne vous formalisez pas de mon refus.

Quelques murmures se firent entendre dans les rangs de la députation ; mais, sur un geste du moine, ces murmures s'apaisèrent et le cortège quitta la chambre.

Le manteau de drap d'or était resté sur un siège, Dom Antonio le montra au tribun.

— Si tu ne l'acceptes pas ce soir, lui dit-il, demain je te force à revêtir le manteau de pourpre et je te fais proclamer César !

Rienzi attira le moine en face de lui, releva son capuchon et plongea dans son regard un regard scrutateur, qui fut soutenu intrépidement.

— Dom Antonio, lui dit-il d'une voix grave et profonde, êtes-vous bien réellement mon ami ?

— Peux-tu le mettre en doute ?

— Alors vous vous conduisez comme si vous étiez mon ennemi mortel.

— Que veux-tu dire ?

— Écoutez, Dom Antonio : il y a deux mois environ, en traquant les bandits retranchés sous les ruines du temple de Vénus, j'ai eu le malheur de tomber dans une embuscade, où j'allais perdre la vie. Le hasard vous amena sur le lieu de la bataille. Saisissant une arme qu'un de mes assassins avait laissé tomber, vous avez pris ma défense avec un rare courage et les brigands une fois en fuite, vous m'avez ramené sain et sauf à ma maison. C'est un de ces services qui ne s'oublient pas. Dès ce jour la reconnaissance et l'amitié du tribun de Rome vous ont été acquises.

— Regrettes-tu de me les avoir accordées, Rienzi ?

— Non, mais je ne comprends pas cette persistance aveugle que vous mettez à éveiller en moi l'ambition et l'orgueil.

— Cher fils, dit le moine, tu n'apportes pas tout à fait dans cette circonstance le sens exquis et la haute raison que je te vois développer partout ailleurs ; en vérité, tu n'es plus toi-même.

— Expliquez-vous, dit le tribun.

— Ignores-tu donc que l'orgueil bien entendu est le mobile des nobles actions, des élans généreux ? et l'ambition n'est-elle pas la vertu des grandes âmes ?

— Mon père, ce n'est pas dans l'Évangile que vous avez puisé ces préceptes.

— Si tous les hommes obéissaient à l'Évangile, répliqua le moine ; si le pape lui-même en suivait les célestes inspirations, je te tiendrais un autre langage. N'a-t-on que soi-même à défendre en ce monde, on est libre de se laisser vaincre ; mais quand on a pris à tâche de défendre la liberté d'un peuple, il faut combattre les ennemis de cette liberté avec leurs propres armes.

— Et à quoi peuvent servir, je vous le demande, ces pompes extérieures que vous voulez m'imposer ?

— A te mettre en relief aux yeux de l'Europe. Sais-tu ce qu'on dit à Avignon et dans les cours de France et d'Allemagne ? que tu es un tribun en guenilles, un dictateur en sabots. La révolution, dont tu as été le chef, passe pour une émeute de carrefours et de ruelles, pour une échauffourée populaire. Ah ! si la nouvelle république romaine était grande et forte comme l'ancienne ; si, noblement assise sur des institutions nerveuses, elle envoyait des armées conquérir le monde, il serait beau de te voir, nouveau Cincinnatus, descendre du Capitole et rentrer dans la foule. Mais les temps diffèrent, mais les époques ne se ressemblent plus, mais d'autres circonstances appellent d'autres devoirs. Rome moderne est faible ; ses plaies sont encore saignantes, et les générations d'autrefois ne sortiront pas de la tombe pour appuyer ton œuvre ; seul tu peux la soutenir : donc, il te faut monter sur un piédestal, pour qu'on sache bien quel homme tu es, et qu'on ne perde aucune des porportions de ton génie.

— C'est singulier, dit le tribun rêveur ; je ne trouve rien à répondre à vos raisonnements, Dom Antonio, et pourtant ils ne me convainquent pas.

— Parce que je détruis une illusion qui t'était chère ; parce que, si tu descends au fond de ton âme et si tu interroges ta conscience, tu reconnaîtras toi-même que ta modestie est de l'orgueil.

— Mon père ! cria Rienzi.

— Oh ! que mes paroles ne t'offensent pas. Tu es un de ces hommes auxquels on peut tout dire, attendu qu'ils ont des qualités trop supérieures pour nier une faiblesse et ne pas la combattre quand on la leur signale. Je le répète, ta modestie est de l'orgueil. Tu te trouves assez grand par toi-même pour ne pas recourir aux dehors de la puissance. Encore une fois, tu aurais raison si Rome et son peuple étaient à la hauteur de ton génie ; mais puisque tu n'as pas de légions bardées de fer à lancer contre le pape et contre les rois qui se permettent de rire de ta robe de tabellion, impose à tes ennemis par d'autres moyens ; revêts ce manteau d'honneur, prends ton sceptre de tribun, et parle au pape et aux rois du haut du Vatican !

Le moine, à ces mots, jeta le manteau de drap d'or sur les épaules de Rienzi.

Ce dernier n'opposa plus de résistance. L'instant d'après, il monta dans le carrosse destiné à le conduire au palais qu'on lui avait choisi pour demeure.

Cependant Conrad, une fois sorti de la maison du tribun, s'était mis à errer par les rues de Rome, en proie à l'agitation la plus vive.

Il avait vu le père de sa bien-aimée ; il pouvait à présent juger par lui-même des intentions droites, des projets éclairés de Rienzi et de la conscience qui présidait à tous ses actes ; il venait de le trouver tel qu'il l'avait désiré dans le fond de son cœur, c'est-à-dire aussi digne de son estime et de son admiration que Blanche était digne de son amour.

Donc, à la cour des papes, on jugeait mal le tribun.

Donc Montréal s'était laissé gagner à la mauvaise cause ; il s'agissait maintenant de le dissuader, de lui ouvrir les yeux, de lui faire connaître l'homme qu'il allait combattre.

Quant au moine qui l'avait interpellé chez Rienzi, Conrad ne redoutait plus ses révélations, car son dessein formel était d'avouer sa démarche à son père, ainsi que les motifs qui la lui avaient dictée.

Il ne rentra qu'à la nuit tombante à l'auberge du Corso.

Montréal n'y était plus.

Au moment où Conrad allait demander de ses nouvelles, il se sentit frapper sur l'épaule, et deux personnages lui firent signe de les suivre. Ils quittèrent la salle où tous les hôtes de l'auberge étaient réunis, et, quand ils furent seuls avec le jeune homme dans un corridor sombre :

— Vous êtes, lui demandèrent-ils, le fils du général ?

— Oui, que me voulez-vous ?

— Nous sommes chargés par votre père de vous accompagner, répondit l'un d'eux en lui glissant un billet dans la main.

L'autre, pendant ce temps-là, démasquait une lanterne sourde et éclairait Conrad, qui parcourut les deux lignes suivantes :

« Je n'ai pu t'attendre ; le comte Orsino et le duc de Farnèse auront l'obligeance de te conduire au lieu où je me trouve.

« Montréal d'Albano. »

Cette lecture faite, le jeune homme examina curieusement les hauts-barons qui daignaient lui servir de guides.

Évidemment on allait le conduire au rendez-vous des ruines.

Il avait hâte de revoir son père et regrettait de n'être pas revenu plus vite, afin d'entretenir Montréal avant qu'il eût pris des engagements sérieux avec les conjurés romains.

— Je suis à vos ordres, partons, messeigneurs, dit-il à Orsino et à Farnèse.

Ceux-ci ouvrirent la marche. Ils se dirigèrent tous trois vers le mont Palatin, non loin duquel était le lieu du rendez-vous. Pendant le trajet, Conrad, qui était bien aise d'étudier les deux partis. Ila conversation avec le duc et le comte. Il avait là devant lui de véritables représentants de la noblesse de Rome, et il voulait savoir leurs griefs contre le tribun.

— Je suis étranger, messeigneurs, dit-il, et je viens partager votre querelle, je l'avoue, sans la bien connaître : pourquoi désire-t-on la perte de Rienzi ?

— Parce que nous étions les maîtres de Rome et que nous ne le sommes plus, dit Farnèse.

— Parce que, reprit Orsino, ce misérable est venu mettre la loi au lieu et place de notre bon vouloir, et que nous ne sommes pas faits pour obéir à la loi.

— Certes, dit Conrad avec un léger accent d'ironie, voilà de bonnes et franches raisons, que personne ne s'avisera de contester.

— Non, parbleu ! s'écria Farnèse.

— Ainsi, messeigneurs, vous possédiez Rome par droit de conquête et par droit de naissance ?

— Vous l'avez dit... Ah ! le bon temps ! fit le comte, avec cette naïveté de la démoralisation qui ne lui permettait pas de remarquer, non plus que Farnèse, le ton sarcastique de Conrad : les papes nous avaient laissé le champ libre et nous nous étions partagé en frères les quartiers de la ville. A nous les plus jolies femmes ! à nous les meilleurs vins ! Lorsque nous manquions d'or, il nous suffisuit de faire une descente dans nos domaines, et les bourgeois et les juifs, nos très humbles sujets, remplissaient nos coffres, trop heureux d'échapper à ce prix à la potence.

— Mais le peuple? objecta Conrad.

— Qu'est-ce que cela? dit Orsino.

— C'est, je crois, la classe la plus nombreuse, celle qui travaille et qui souffre.

— Eh bien, le peuple travaillait et souffrait pour nous; rien de plus simple.

— Pourtant, dit le jeune homme, il paraît qu'il s'est lassé de votre domination, puisque Rienzi l'a soulevé contre vous.

— Aussi va-t-il nous le payer cher, ce damné tribun, s'écria Farnèse. Ah! signor Rienzi, tu harangues le peuple du haut du Capitole? fort bien, mais tu oublies que la roche Tarpéienne en est à courte distance.

— Espérez-vous donc si facilement remporter la victoire?

— Nous en sommes sûrs, dit Orsino.

— Oui, reprit Farnèse, le succès est certain, car nous avons à notre tête un homme d'une adresse merveilleuse; il joue tous les rôles, il prend tous les masques, c'est le Protée antique. Jusqu'à présent on n'a découvert aucune des intelligences qu'il a nouées dans le camp de nos ennemis; il y est maître absolu: avant trois jours le tribun sera pendu ou en fuite.

— Je ne vous croyais pas si près de réussir, dit Conrad frémissant.

— Détrompez-vous, jeune homme ; nous touchons à l'heure du triomphe. Bientôt vous allez connaître le plan de la conjuration et vous jugerez par vous-même qu'il n'y a point de résistance possible. Votre père arrive à propos, il frappera le dernier coup.

— Mon père, pensa Conrad, oh ! non, non ! il est impossible qu'il soutienne cette cause indigne ; jamais il ne prendra le parti de l'opprobre et de l'infamie contre le parti de la justice, du bon droit et du malheur ! Mon père est abusé, je vais le voir et changer sa résolution ; mon père est juste, honnête, loyal, c'est un chevalier français, je suis sans crainte : il ne donnera pas son appui aux despotes sans vergogne qui viennent de me développer leurs maximes perverses. S'imaginent-ils donc, ces nobles impudents, que Dieu a fait tout exprès pour eux le reste des hommes, afin de les rendre taillables à merci de leurs passions et de leurs plaisirs ?

Au bout d'une demi-heure, Conrad et ses compagnons avaient traversé la partie habitée de la ville et se trouvaient sur le terrain de l'ancienne Rome.

Presque aussitôt se dressa devant eux un monument immense, une énorme masse circulaire percée de larges ouvertures en ogive et de portes colossales.

La lune qui se levait à l'horizon l'éclairait de ce

rayonnement vaporeux, au travers duquel il semble que les édifices deviennent encore plus gigantesques.

C'était le Colysée, autrement dit amphithéâtre de Vespasien.

Le fils de Montréal, Orsino et Farnèse y pénétrèrent par un de ces larges vomitoires, où s'écoulaient jadis les flots de la multitude, qui allait voir combattre les gladiateurs et livrer les chrétiens aux lions de Numidie.

Bientôt ils se trouvèrent au milieu de cinquante personnes, les unes groupées dans le cirque, les autres assises sur les premiers gradins.

VIII

LES CONJURÉS

Le premier soin de Conrad fut de chercher son père au milieu de tous ces hommes ; il ne tarda pas à le découvrir et l'entraîna à l'écart.

— Pourquoi es-tu sorti de l'auberge ? demanda le général ; tu m'as donné une inquiétude mortelle. Retenu par des affaires urgentes et ne pouvant venir au rendez-vous que fort tard, Colonne m'avait recommandé de m'y trouver dès la chute du jour. Je t'ai fait chercher partout ; je craignais que nos ennemis ne se fussent emparés de toi.

— Ils l'auraient pu facilement, mon père, dit Conrad.

— Qu'entends-tu ? As-tu donc été en leur pouvoir ?

— J'étais, il y a une heure, chez le tribun Rienzi.

Montréal recula de surprise.

— Toi ! s'écria-t-il, et qu'allais-tu y faire ?

— J'ai voulu le voir et le juger, répondit le jeune homme d'une voix ferme. Avant de m'engager dans la lutte, je tenais à connaître l'adversaire que j'allais combattre, et je dois vous le dire, mon père, cet examen est tout en faveur du tribun : je tiens plutôt à l'avoir pour ami que pour ennemi.

— Silence, malheureux ! dit Montréal, baissant la voix et s'éloignant plus encore du groupe des conjurés ; si tous ces nobles italiens pouvaient t'entendre, tu serais à l'instant même frappé du poignard.

— Je le crois, mon père : ils se sont de longue date exercés à l'assassinat. Quelle politique odieuse que leur politique ! quelles mœurs dépravées, quel manque de cœur, quel mépris pour tout ce qui n'a pas comme eux un titre et un écusson ! Comme si Dieu avait destiné le plus grand nombre de ses créatures à être le jouet de la tyrannie et de l'exploitation de quelques-unes...

— Conrad, dit Montréal avec sévérité, m'expliquerez-vous où tendent ces discours ?

— A éclairer votre conscience, mon père.

— Ma conscience, mon fils, n'est pas dans les ténèbres, et ma règle de conduite est tracée. Pour moi les hommes ne sont rien, les principes sont tout. Le pape est la seule autorité légitime que je reconnaisse à Rome ; or, le pape n'approuve pas les réformes de Rienzi, je combattrai Rienzi.

— Mais si le pape est dans ses torts !

— C'est ce que je ne puis admettre.

— Vous le croyez donc infaillible dans les choses temporelles ?

— Entre nous, Conrad, les discussions philosophiques et religieuses sont de trop, brisons là.

— Pourtant, dit le jeune homme, il est impossible que vous me forciez...

— Brisons là, vous dis-je ! assez de paroles. J'ai des engagements je les tiendrai à tout prix, quoi qu'il arrive. Quant à vous, mon fils, puisque vous venez ici faire vos premières armes, apprenez qu'un soldat ne raisonne point, ne discute point, il obéit.

— Même quand une voix intérieure lui crie qu'il soutient l'injustice ?

— Vous ne devez avoir ici d'autre conscience que la mienne. Du reste, ajouta Montréal avec amertume, vous ne remarquez pas, mon fils, que chaque mot prononcé par vous dans cet entretien est pour moi une offense.

— Oh ! pardon, pardon, mon père ! Si vous pouviez lire au fond de mon cœur, vous verriez pourquoi je vous parle ainsi, vous comprendriez mes scrupules, vous reculeriez en un mot avant de me contraindre...

— Une dernière fois, silence ! cria Montréal. Vous êtes une tête folle. Ce tribun vous a séduit avec ses pompeux discours. On le dit assez bon orateur, nous verrons comme son éloquence le défendra contre nos armes.

— Mon père, au nom du ciel, deux mots encore !.....

Le capitaine haussa les épaules et rejoignit les conjurés.

Conrad le suivit palpitant jusqu'au milieu du groupe. Tous ces hommes au long manteau sombre, immobiles et silencieux comme les pierres des ruines, attendaient que le soldat honoré de la confiance du pape revînt s'entretenir avec eux des mesures les plus propres à faire triompher une cause qui, dès ce moment, leur devenait commune.

— Je vous racontais donc, messeigneurs, dit Montréal, reprenant l'entretien où il l'avait interrompu, que Louis de Bavière, après son infructueuse tentative sur le royaume de Naples, avait lâchement regagné la Hongrie sans payer les troupes d'Écosse, de Suisse et d'Allemagne, qu'il avait appelées à son aide. Chargé du commandement de ces troupes, et solidaire en quelque sorte d'un pareil manque de foi, je me suis vu forcé de mettre à contribution Sienne, Florence et Pise... Est-ce un tort ? oui peut-être, mais qu'il retombe sur Louis de Bavière ! Archers, lansquenets et grisons sont intégralement payés aujourd'hui ; j'ai rallié ces bandes qui forment sous mes ordres un corps de troupes imposant et j'ai mis cette armée à la disposition du pape. Clément l'accepte, il se charge de la solder plus régulièrement que le beau-frère de Jeanne de Naples, et me voilà prêt, messeigneurs, agissant en vertu des ordres du saint-père, à appuyer de tout mon pouvoir le coup de main que vous méditez.

— Bravo ! crièrent les conspirateurs.

— Il s'agit maintenant de nous entendre, ajouta le capitaine : faut-il cerner Rome ? faut-il y pénétrer par surprise ? de quel côté viendrez-vous favoriser l'escalade ?

— C'est le révérend père Antonio qui seul peut décider cela, dit Farnèse ; nous l'attendons.

— Un moine ! s'écria Montréal en fronçant le sourcil, vous allez me faire donner des ordres par un moine ?

— Rassurez-vous, ce moine-là vaut à lui seul plus que nous tous ensemble.

— Un moine ! répéta le capitaine avec stupeur : je croyais que le comte de Romagne était le seul chef du complot.

— Sans doute, vous aviez raison de le croire, dit Farnèse en riant.

— Que signifie ce mystère ? expliquez-vous.

— Le voici ! voici Dom Antonio, murmurèrent plusieurs voix.

Conrad assistait à cette scène, la tête à moitié

perdue et jetant, par intervalles, à l'oreille de son père, une exclamation déchirante pour le supplier de l'écouter encore avant d'aller plus loin : mais à chacune de ces tentatives, Montréal lui imposait silence d'un geste impérieux.

Un pareil endurcissement bouleversait les idées de Conrad, anéantissait toutes ses espérances, et il eut un frisson de terreur lorsqu'il vit entrer le moine qui l'avait menacé chez Rienzi.

Dom Antonio s'avança gravement au milieu des conjurés.

— Pardonnez-moi, leur dit-il, si je suis en retard ; mais j'ai travaillé pour nous et je n'ai pas besoin d'excuse. Où est Montréal ?

— Me voici, dit une voix à sa droite.

Le moine, se retournant aussitôt, pressa la main du soldat, que celui-ci toutefois ne lui donna qu'avec répugnance, croyant avoir véritablement affaire à un religieux et ne comprenant pas cette alliance du froc et de l'épée.

— Ton fils est toujours des nôtres ? demanda le moine en se penchant à l'oreille de Montréal.

Conrad entendit cette phrase et dompta tout à coup son émotion.

L'heure était venue de se prononcer. Il fallait à l'instant même qu'il abjurât solennellement le complot, s'il ne voulait pas suivre une route où sa conscience et son amour lui défendaient de faire un pas.

Sans permettre à Montréal de répondre, il s'avança et dit à Dom Antonio :

— Non, je ne suis pas des vôtres !

Le moine entraîna vivement le père et le fils à vingt pas des conjurés.

— Oses-tu bien résister à mes ordres? dit Montréal, saisissant avec force le bras de Conrad; n'es-tu venu près de moi que pour me donner la honte d'y voir un traître?

— Pas un mot de plus, interrompit Dom Antonio. Ce jeune homme est ton fils, par conséquent il a de l'honneur. Soit qu'il approuve nos plans, soit qu'il les rejette, il ne peut trahir un secret qui mettrait en jeu la tête de son père, et malgré la déclaration nette et précise que nous venons d'entendre, nous pouvons continuer de parler et d'agir, lui présent. J'ai le droit de décider toutes les questions, voilà comme je résous celle-ci.

— Qui es-tu donc? demanda Montréal.

— Eh! ne m'as-tu pas reconnu? dit le moine.

Il rejeta son capuchon sur ses épaules ; Montréal fit un bond de surprise.

— Quoi ! c'est vous, seigneur comte?

— Oui, vaillant capitaine : le comte de Romagne et Dom Antonio ne sont qu'une seule et même personne ; seulement le religieux a la confiance et l'amitié de Rienzi, tandis que Colonne est son ennemi le plus acharné. — Ne confondons pas.

Un rire sinistre contracta ses lèvres.

— Allons, revenez, frères! cria-t-il en rappelant les conspirateurs, j'ai d'excellentes nouvelles à vous apprendre.

Tous accoururent et firent cercle autour de lui.

— Devinez, continua Colonne, où je viens de conduire le tribun?

— Où donc?... Parle.

— Non, devinez d'abord.

— Pardieu, je gage, dit Farnèse, que tu l'as mené tout droit à ce couvent de Franciscains, dont le supérieur te donne asile, et là, pour en finir avec ce rustre, tu lui as sans doute rasé la tête comme à un roi fainéant.

— Allons donc, interrompit Colonne, je lui eusse fait trop d'honneur.

— Qui sait? dit Orsino : tu l'as conduit peut-être chez les princesses de la rue *di Ripetta?* J'y ai vu, l'autre soir, une Mauresque adorable, à qui j'ai laissé des souvenirs de l'aventure. Si Rienzi me succède... Ah! ah! le bon tour!

— Tu es fou, à un autre.

— Non, dirent les conjurés, ne nous fais plus attendre.

— Nous jetons notre langue aux chiens.

— Parle vite.

— Vous le voulez, dit Colonne : eh bien, j'ai décidé Rienzi à quitter son logement de tabellion, et je viens de l'installer en grande pompe au Vatican.

— Est-ce possible? cria-t-on de toutes parts.

— Cela vous surprend. Vous êtes, en vérité, par trop naïfs, ajouta froidement le comte ; doutiez-vous qu'il en vînt là? vous imaginiez-vous que ce Brutus moderne était sérieux dans sa résistance?

— Ah! l'hypocrite! dit Farnèse, il s'est enfin trahi.

— Moi, reprit Colonne, je n'ai jamais douté de ses véritables sentiments ; toutes ces grandes vertus d'apparat ne peuvent imposer qu'aux sots, ou à ces âmes jeunes et généreuses qui se laissent entraîner par l'enthousiasme, dit-il en regardant Conrad, et n'ont pas encore assez d'expérience de la vie pour distinguer la vérité du mensonge, le mérite de l'intrigue.

Le jeune homme sentit le rouge lui monter au visage ; il allait répondre, mais Colonne s'empressa d'ajouter :

— Du reste, aucun de ceux qui se trouvent ici n'osera prendre la défense du tribun, car il ne sortirait pas vivant de ces ruines ! Je maintiens que Rienzi n'est qu'un ambitieux vulgaire, caché jusqu'à ce jour sous des dehors menteurs de probité et de dévouement : voilà pourquoi j'ai toujours défendu qu'un de nous autres nobles le frappât du poignard. J'ai eu moi-même sa vie entre les mains sans vouloir la prendre. A quoi bon ? Rome l'eût regretté peut-être et nous eût fait payer chèrement sa mort, au lieu qu'en le laissant tomber sous le coup du mépris, nous grandirons de toute la hauteur de sa chute.

— C'est vrai, Colonne. Tu es un politique du premier ordre, dit Farnèse.

— Je suis ravi d'avoir votre approbation, messeigneurs. Il n'a fallu qu'un peu de ruse et d'habileté de ma part pour décider le tribun à jeter son masque de vertu. Demain, vous le verrez au balcon du Vatican, paré d'un manteau de drap d'or, tenant un sceptre d'or et se faisant proclamer *sévère et clément libérateur de Rome, zélateur de l'Italie, amateur de l'univers et tribun auguste.*

— Un éclat de rire général accueillit ces paroles du comte.

— Et que personne ici n'aille croire que j'exagère ! s'écria-t-il en regardant une seconde fois le fils de Montréal ; vous saurez bientôt par tous les habitants de Rome la vérité de ce que j'avance. Brutus est monté dans un carrosse armorié. L'émule des Camille et des Scipion se pavane à l'heure où je vous parle sous les lambris pontificaux, entouré d'un peuple de valets et de courtisans. Un dernier effort, et il consentira, je le jure, à mettre sur ses épaules de manant la pourpre des Césars.

— A bas l'ambitieux ! cria-t-on.

— Mort au traître !

— Point de colère, messeigneurs, le sujet n'en est vraiment pas digne, et notre tâche se simplifie beaucoup dès que Rienzi met le pied dans cette voie.

— Oui, tu as raison.

— Écoutez Colonne, écoutez-le toujours !

— Demain, poursuivit le comte, lorsque le peuple verra le fils du cabaretier et de la blanchisseuse parader au Vatican, sous l'or et l'hermine, lorsqu'il l'entendra se donner les titres burlesques que je viens d'énoncer, le peuple fera comme vous, il partira d'un éclat de rire homérique. Rienzi tombera sous les huées ; ceux qui auront eu de l'admiration pour lui regretteront leur erreur et rougiront de leur sottise.

Colonne regarda pour la troisième fois Conrad.

L'embarras du jeune homme était à son comble, et les sarcasmes de ce faiseur de harangues l'humiliaient profondément.

Sa bouche était fermée par l'impossibilité de compromettre son père ; mais l'orateur, craignant, malgré cela, de le voir céder au feu de la jeunesse, avait cru sage de lui interdire jusqu'à la faculté de prendre la défense de Rienzi sans s'exposer au ridicule.

Tous les conjurés applaudissaient avec enthousiasme les discours du comte.

— Demain, reprit-il, notre besogne consiste donc à nous mêler au peuple et à huer le tribun, tandis que Montréal fera tranquillement occuper par ses soldats les portes de la ville et y pénétrera lui-même pour s'emparer du Capitole, où nous proclamerons le nouveau pouvoir.

— Bravo !

— Vive Colonne!

— Vive le général!

— Où doit-on se réunir? demandèrent plusieurs voix.

— Sur la place du Vatican: le mot d'ordre sera, si vous le voulez bien, *Italie et victoire;* personne ne sortira de la ville, personne n'y entrera sans le prononcer. Toute cette révolution va s'accomplir de la manière la plus simple et sans répandre une seule goutte de sang.

— Excepté celui de Rienzi, dit Farnèse.

Conrad fit un soubresaut violent; mais le comte de Romagne eut l'air de ne pas s'en apercevoir.

— Pourquoi tuer le tribun? répondit-il : on ne frappe point un ennemi à terre.

— Tu oublies quel a été son pouvoir sur le peuple, insista Farnèse; tu oublies les effets prodigieux de son éloquence.

— Eh! dit Colonne en riant, tu oublies toi-même qu'il aura son manteau de drap d'or et que les huées sont fatales à l'improvisation. Point de violence, ne déshonorons pas notre victoire.

— Vous avez raison, seigneur comte, dit Montréal.

— N'est-ce pas?... Je suis sûr que votre fils m'approuve également. A propos, mon cher et illustre capitaine, ce jeune homme tient de vous, il est courageux et décidé : ne pourriez-vous envoyer prendre dans votre camp trente ou quarante archers, avec lesquels il exécutera une mission, que je vous demande à lui confier à voix basse, car la réussite dépend du mystère ?

— Comme il vous plaira, seigneur comte ; mon fils et moi nous sommes à vos ordres, dit Montréal.

Tirant aussitôt des tablettes de sa poche, il traça deux lignes pour un de ses lieutenants, auquel il enjoignit de laisser prendre le nombre de soldats demandé. Le billet écrit, il le confia au messager que lui désigna le comte, et qui devait ramener la troupe le plus promptement possible à la porte *del Babuino*.

Montréal prit gravement la main de son fils.

— Conrad, lui dit-il, autant j'ai eu de joie à vous accueillir, autant j'éprouverais de chagrin si vous demandiez conseil à votre imagination plutôt qu'à mon expérience. Ne l'oubliez pas, mon fils, j'ai trente années de plus que vous : en fait d'honneur et de devoir, vous n'avez rien à m'apprendre.

— Mon père....

— Allons, jeune homme, dit le comte, venez recevoir mes instructions.

Il l'entraîna sous une de ces espèces de poternes aux voûtes basses et écrasées, par où s'élançaient autrefois les bêtes féroces, quand on les lâchait dans le cirque sur les combattants ou sur les martyrs.

— Conrad de Montréal, dit le noble italien d'une voix contenue et vibrante, entrons franchement en matière : vous aimez la fille du tribun.

— Moi !... d'où le savez-vous ? demanda le jeune homme avec un frisson de terreur.

— Rienzi n'a rien de caché pour son confident ; il m'a raconté le motif de votre visite, vos discours, et j'ai tiré les conséquences. Je connais le cœur humain. Ces détails m'ont suffi pour deviner vos combats intérieurs et apprécier la portée de votre démarche : aimant la fille, vous avez voulu connaître le père. On abuse facilement un homme déjà séduit par ses propres désirs. Rienzi a donc eu beau jeu pour vous vaincre et vous laisser croire que nos projets sont coupables. Je suis arrivé juste au moment où vous commenciez la résistance. Avec les hommes qui m'ont nommé leur chef, savez-vous à quoi vous vous exposiez et à quoi vous exposiez votre père ? à être poignardés sur-le-champ. Et pour qui, je vous le demande ? pour un personnage que vous avez vu pendant une demi-heure à peine, que vous avez jugé sur une affirmation, sur une phrase. Est-ce de la sagesse, est-ce de la logique.

— Seigneur comte...

— Oh ! n'essayez pas de vous défendre, vous êtes sans excuse. A peine étiez-vous sorti, que cet homme, dont vous aviez reçu sans doute mille protestations sur la franchise et la loyauté de son caractère, cédait aux conseils de la vanité la plus folle, de l'ambition la plus insensée ; par un seul acte il démentait toute son existence.

— Ainsi, murmura Conrad, ces détails que vous nous avez donnés...

— Sont exacts ; vous ne me ferez pas, j'imagine, l'injure de me soupçonner de mensonge. En vous livrant à un éclat, ce soir, et en supposant que cet éclat n'eût point perdu votre père et vous, qu'eussiez-vous fait ensuite ? seriez-vous allé prévenir Rienzi ? nous auriez-vous donné le spectacle odieux d'un fils courant dénoncer son père ?

— Jamais !... oh ! j'en suis incapable, dit Conrad frémissant.

— On ne sait pas où s'arrêtent les passions, jeune homme, et je remercie le ciel qui, en me découvrant votre secret, m'a permis de vous écarter d'une pente funeste. Vous aimez Blanche, le service qu'elle vous a rendu donne à cet amour quelque chose de saint et de sacré ; je ne vous dirai donc pas de combattre, vous n'écouteriez point mes exhortations et je prêcherais dans le désert. Je ne vous dirai pas non plus de vous joindre à nous demain pour renverser le tribun : il tombera sans votre concours et vous ne pouvez empêcher sa perte. Mais s'il vous est défendu de sauver le père, vous pouvez sauver la fille.

— Blanche ! s'écria Conrad ; oh ! si quelque danger la menace, dites-le moi, je vous en conjure.

— Elle est sur la route de Rome et doit y entrer demain, juste au moment de l'émeute.

— Grand Dieu !

— A partir des confins du Milanais, j'ai eu, jour par jour, des renseignements sur son itinéraire. Paul Alighieri l'accompagne. Comme vous ils se sont embarqués à Gênes et vous avez tout au plus sur eux douze heures d'avance. D'abord l'idée m'était venue de faire prendre cette jeune fille et de la retenir jusqu'à ce que son père eût abdiqué le pouvoir ; mais cette mesure devient superflue et, d'ailleurs, j'y renoncerais pour vous.

Le cœur de Conrad battait avec force ; la défiance qu'il avait eue d'abord pour le comte et ses manœuvres disparaissait graduellement et faisait place à l'espoir.

— Courez rejoindre Blanche, lui dit Colonne, vous la trouverez sur la route d'Ostie. Mettez-la promptement en sûreté, qu'elle ne paraisse pas à Rome. Vous pouvez ainsi que moi prévoir les conséquences terribles d'un mouvement populaire ; si nous ménageons le tribun, il n'est pas sûr que le peuple le ménage, et sa fille partagerait son sort.

— O monseigneur, que de reconnaissance ne vous dois-je pas ! dit Conrad, qui saisit la main du haut baron et voulut la porter à ses lèvres dans un transport de joie.

— Ce n'est pas de vous donner votre maîtresse que vous devez me remercier, jeune homme : c'est de vous avoir empêché de vous révolter contre votre père et de devenir mauvais fils.

— Vous avez raison.... merci ! merci !

Le comte sortit de sa poitrine un sifflet d'argent et en tira plusieurs son aigus.

Un valet se présenta, tenant par la bride deux chevaux sellés.

— Cet homme, dit Colonne, va vous conduire à la porte *del Babuino*. Vous y trouverez les quarante soldats demandés par votre père. Mettez-vous à la tête de cette troupe, et vous rencontrerez au point du jour sur le chemin d'Ostie Blanche et ses compagnons de voyage. Le reste vous regarde, agissez comme il vous plaira.

Pressant une dernière fois la main du comte, le fils de Montréal sauta vivement en selle et partit ventre à terre avec le valet chargé de diriger sa course au milieu de cette partie de Rome, déserte et jonchée de ruines.

— Va, jeune fou ! pensa Colonne ; tu es bien heureux que ce moyen de t'éloigner se soit offert à mon esprit : la politique vaut mieux que la violence, je suis sûr à présent que tu ne commettras point de sottise.

Il rejoignit les conjurés.

— Séparons-nous, leur dit-il. Que Montréal regagne son camp et soit avant le jour à nos portes avec tous ses soldats. J'ai dit, ce me semble, que notre victoire ne serait pas sanglante ; je le désire, mais on doit tout prévoir : que demain chacun de nous ait des armes sous ses vêtements.

— A la bonne heure, dit Farnèse à voix basse. Il est impossible que tu aies le projet d'épargner le tribun.

— Silence ! murmura Colonne. Dans une conjuration le meurtre s'exécute et ne s'avoue pas. Rienzi mourra ; mais il faut qu'il soit frappé par ceux-là mêmes qui l'ont élevé au pouvoir. Au premier signal de l'émeute, deux cents *bravi* escaladeront le grand escalier du Vatican et jetteront le tribun par les fenêtres, après l'avoir poignardé. La république ne peut finir qu'avec lui : morte la bête, mort le venin.

IX

L'ÉMEUTE

Dès le lever du soleil, les cloches de toutes les églises, sonnant à grande volée, semblaient accuser de mensonge le calendrier romain qui n'avait pas inscrit ce jour-là comme un jour de fête.

Éveillés par ce carillon universel, les habitants sortaient de leurs maisons et se demandaient l'un à l'autre quel saint inconnu l'on devait chômer. Çà et là des groupes se formaient : les suppositions allaient leur train, les commentaires se croisaient en tous sens, et rien ne s'expliquait.

Soudain quelques hommes, vêtus à la façon du peuple, mais faciles à reconnaître à leurs mains blanches et aux fines chemises qui se trahissaient sous leurs haillons, vinrent se joindre aux groupes et prendre part à l'entretien des artisans et des bourgeois.

— Comment, leur dirent-ils, vous ignorez ce qui se passe ?

— Que se passe-t-il donc ?

— Rienzi est installé depuis hier au Vatican.

— Quelle folie ! vous mentez, leur répondait-on : nous connaissons l'homme, et ceci n'est pas dans son caractère.

— Bon ! Jusqu'alors il a été assez adroit pour vous cacher ses projets ; mais il jette le masque. Aujourd'hui même il doit monter en grande pompe au Capitole et se faire proclamer empereur.

— Empereur !

— Ou quelque chose d'approchant ; le mot n'y fait rien, pourvu que la chose y soit.

— Empereur ! répétait la foule confondue.

— Oui, le fils du tavernier Lorenzo et de Magdeleine la lavandière veut relever le trône des Césars. Où est le mal ? Espériez-vous le voir rester à jamais dans son pauvre logis de tabellion ? pensiez-vous qu'il n'userait pas un jour du pouvoir que vous lui avez donné ? Rienzi appellera dorénavant l'empereur d'Allemagne son frère et les rois de l'Europe ses cousins.

Après avoir jeté dans les groupes ces perfides paroles, les agitateurs s'en allaient.

D'autres prenaient aussitôt leur place, et demandaient aux bourgeois consternés :

— Pourquoi ce bruit de cloches ? que veut dire

ce tumulte ? Est-il vrai que le tribun soit allé loger au palais ? Aspire-t-il donc à la tyrannie ?

Toutes ces questions obtenaient une réponse affirmative.

— Alors c'est un traître, il nous a dupés par de faux dehors de désintéressement et de vertu...

— Oui ! oui ! criait la foule, c'est un traître !

Et les agitateurs reprenaient :

— Que nous parlait-il de République ? Le faux Brutus nous prend donc pour des niais ou des lâches? N'a-t-il brisé le despotisme des nobles que pour le remplacer par son despotisme à lui? nous ne le souffrirons pas.... A mort l'ambitieux ! à mort le tyran !

Ces cris sinistres eurent bientôt de l'écho.

Une immense clameur d'indignation s'éleva d'un bout de la ville à l'autre ; le torrent populaire, courant avec un bruit de tempête dans les rues et les carrefours, les inonda de ses flots tumultueux, longea les bords du Tibre, dépassa le château Saint-Ange et vint s'étendre et rugir au milieu de la place du Vatican.

Si les piques des soldats du tribun n'eussent obligé la multitude à se refouler sur elle-même, elle eut envahi le palais sur-le-champ.

Rienzi, couvert du riche manteau que lui avait donné la municipalité de Rome et tenant en main le bâton surmonté de l'aigle d'or, venait de s'asseoir au milieu de la salle d'honneur sur un magnifique fauteuil de chêne sculpté.

Il recevait les ambassadeurs d'Espagne et de Hongrie.

Des harangues louangeuses, des phrases dorées, des protestations de respect et de dévouement retentissaient à ses oreilles et contribuaient, hélas ! à développer ce fatal sentiment d'orgueil que son plus mortel ennemi, caché sous les dehors de l'amitié, avait jeté, la veille, dans son âme avec une adresse infernale.

Debout aux côtés du tribun, le moine échangeait des regards d'intelligence avec les magistrats, qu'il avait rendus complices de ses manœuvres.

Ceux-ci, obéissant à ses instigations, s'étaient appliqués à corrompre les gardes et les serviteurs du palais.

On formait autour de Rienzi un cercle impénétrable de trahison, afin que ses amis ne pussent l'avertir du danger qu'il courait. Aucun de ceux qui étaient capables de lui donner l'éveil ne pénétra jusqu'à lui.

Après les harangues des ambassadeurs, Dom Antonio fit un signe.

Un héraut, portant les couleurs et les armes de la maison de Charles IV, vint s'agenouiller devant le tribun et lui présenta un paquet scellé du sceau de l'Empire.

Le moine consulta Rienzi du regard.

— Allez, dit celui-ci ; décachetez la dépêche et donnez-m'en communication, mon père.

Dom Antonio lut ce qui suit :

« Sublime tribun,
» Les hauts faits que vous accomplissez à Rome
» et la renaissance glorieuse du gouvernement ré-
» publicain, me donnent pour vos talents une admi-
» ration profonde. Je désire ardemment entretenir
» avec vous des relations de paix constante et d'a-
» mitié sincère. Afin de vous prouver tout d'abord
» mes bonnes intentions à votre égard, je vous
» nomme *Chevalier candidat du Saint-Esprit*, hon-
» neur accordé seulement jusqu'à ce jour aux prin-
» ces du sang royal ; ils ne deviennent chevaliers
» titulaires qu'en montant sur le trône. Comme eux,
» sublime tribun, vous porterez la pourpre un jour
» et, plus sage que César, vous saurez concilier
» votre grandeur avec les libertés romaines. Per-
» mettez-moi d'être votre émule de gloire et de
» vous appeler mon frère en puissance.

» CHARLES, empereur. »

Il fallait être plus qu'un homme pour échapper à tant de séductions perfidement calculées.

Rienzi, le front radieux, l'œil étincelant, prit la dépêche des mains du moine, la relut tout entière et murmura d'une voix émue et frémissante :

— « Votre émule de gloire, votre frère en puissance ! » ... Et c'est l'empereur d'Allemagne qui m'écrit cette lettre !

— L'empereur sait apprécier votre mérite, cher fils, dit Dom Antonio ; personne ici n'est surpris de l'honneur qu'il vous fait.

Tous les magistrats s'inclinèrent en signe d'assentiment. Le héraut, toujours à genoux devant Rienzi, lui demanda sur un ton profondément respectueux :

— Acceptez-vous, auguste tribun, l'honneur que Sa Majesté, mon maître, vous confère ?

— Je l'accepte, répondit Rienzi.

Ouvrant aussitôt un coffret d'ébène, incrusté d'arabesques de corail, le héraut l'avança sous les yeux du chef de la république et ajouta :

— Daignez en recevoir le brevet et en revêtir les insignes.

Le moine plongea la main dans le coffret ; il en retira une large croix, enrichie de diamants, au centre de laquelle était une colombe d'un seul rubis. Attaché à cette plaque précieuse, un large ruban bleu et noir servait à la suspendre. Dom Antonio le passa au cou du tribun, en disant :

— Salut à Rienzi, frère de l'empereur Charles IV et Chevalier candidat du Saint-Esprit !

En ce moment, des clameurs furibondes, venant de la place du palais, couvrirent la voix du moine.

— Qu'est-ce donc ? demanda le tribun pâlissant.

— C'est le peuple, cher fils : il accourt à la fête que tu lui prépares et commence à saluer ton triomphe.

— Mais ce sont des cris menaçants ?

— Tu t'abuses, c'est impossible.

A peine cette phrase était-elle achevée, que le tumulte redoubla. Trente mille voix éclatèrent comme la foudre, et l'oreille de Rienzi distingua parfaitement ces terribles paroles :

— A bas le despote !

— Mort à l'ambitieux !

Il se dressa d'un bond, courut à la fenêtre et vit la masse du peuple qui s'agitait comme une mer houleuse.

— Trahison ! cria-t-il en regardant le moine et les magistrats.

La plupart de ces hommes indignes baissèrent le front devant ce regard fièrement interrogateur. Nés pour les cabales souterraines et les intrigues dans l'ombre, ils ne pouvaient envisager sans trouble la loyauté et la conscience.

Seul, enhardi dans le crime et persévérant dans la haine, le moine resta calme.

— En effet, c'est une émeute, répondit-il froidement. Toute réflexion faite, il fallait s'y attendre : les nobles dont tu as brisé le joug essayent une dernière révolte au moment où ils voient que tu vas asseoir définitivement ta puissance. Mieux que moi, cher fils, tu sais ce qu'il faut dire au peuple pour le calmer. Parais au balcon, harangue la foule, et tes ennemis confondus rentreront sous terre.

Ce discours du moine et son visage impassible éloignèrent le soupçon de l'esprit du tribun.

— Qu'on ouvre la fenêtre, dit-il, je vais parler au peuple.

— Attends, mon fils, attends ! s'écria Dom Antonio ; point d'imprudence ! Un trait est bientôt parti d'une arbalète, et ta vie est trop précieuse pour l'exposer ainsi de prime abord à la méchanceté de tes ennemis. Souffre que je parle le premier à cette multitude ; s'il doit y avoir une victime, que ce soit moi, de préférence à celui qui tient entre ses mains le bonheur et le salut de Rome.

Sans attendre la permission de Rienzi, le moine ouvrit précipitamment la fenêtre, s'élança au balcon et fit un geste pour réclamer le silence.

Inutile de dire que c'était une nouvelle manœuvre convenue entre lui et les conspirateurs.

Disséminés dans la foule, ces derniers apaisèrent un instant le désordre et Dom Antonio s'écria :

— Romains, pourquoi cette sédition ? que signifient ces cris tumultueux ? Voilà donc comme vous savez reconnaître le dévouement du grand citoyen que vous avez applaudi jusqu'à ce jour. Vous profitez du moment où il vient de recevoir la récompense de ses généreux travaux....

— Quelle récompense ? cria-t-on.

— L'empereur Charles IV, reprit le moine, rendant justice aux vastes capacités de Rienzi.....

Il fut interrompu par des huées et des sifflets.

— A bas le traître !

— Il nous vend à l'empereur !

— Qu'il se montre !

— Nous voulons qu'il vienne s'expliquer lui-même...

— Rienzi ! Rienzi !

Le tribun écarta violemment les sénateurs et les autres magistrats qui essayaient de le retenir encore, sous prétexte de prudence ; il parut aux côtés du moine, l'œil ardent, le visage en feu, et cria d'une voix éclatante :

— Qui ose m'accuser de trahison ? Nommez sans retard mes calomniateurs !... Ici même, en face de tous, devant Dieu qui nous voit et qui nous entend, je me charge de les confondre !

Mais sa voix se perdit au milieu d'un tonnerre de huées.

Victime d'une trame odieuse et pris au dépourvu par cette révolte fomentée si habilement et avec tant de mystère, Rienzi n'avait pas conservé assez de calme pour prévoir l'effet dangereux que son costume devait produire.

— Voyez-vous, cria-t-on, il porte le manteau d'empereur !

— Il tient en main le sceptre...

— A mort ! à mort !

Le moine se retira prudemment.

Sa retraite fut le signal d'une grêle de traits et de projectiles qui, de tous les coins de la place, furent lancés contre le tribun.

Toutes les fenêtres du Vatican volèrent en éclats.

Renversé deux fois par les pierres qui l'atteignaient en pleine poitrine, deux fois Rienzi se releva, calme, intrépide. Bravant la mort et cherchant à se faire entendre de ce peuple égaré.

Cependant les soldats, qui d'abord avaient repoussé la foule, finirent par la laisser pénétrer sous le vestibule du palais, et les deux cents *bravi* soldés par la conjuration s'élancèrent, le poignard à la main, sur l'escalier conduisant à la pièce où se trouvait le tribun.

Mais avant eux s'était précipité un homme, dont la respiration haletante et les vêtements souillés de poussière annonçaient qu'il venait de faire une longue course. Cet homme entra brusquement dans la salle d'honneur, écarta tout ce qui s'opposait à son passage, arracha Rienzi du balcon, l'entraîna malgré sa résistance à l'autre extrémité de la pièce et poussa le ressort d'un panneau secret.

Tous les deux disparurent avant que les assassins fussent entrés.

Cette fuite avait été si rapide que ni les magistrats, ni le moine, frappés de stupeur, n'avaient eu le temps d'y mettre obstacle.

— Malédiction ! cria Colonne, le traître nous échappe ! C'est Alighieri, son âme damnée, qui le sauve !... A moi, messeigneurs !... brisons cette porte !... à moi !

Les ennemis du tribun coururent tous ensemble au panneau ; mais ils cherchèrent en vain le secret de l'ouverture, ils ne réussirent pas à le trouver. Cent bras vinrent en aide au comte ; on arracha la tapisserie de Flandre qui recouvrait la muraille, et l'on découvrit une porte de bronze, contre laquelle s'émoussèrent les haches et les poignards des *bravi*.

Elle ne céda pas à tous ces efforts. La victime échappait à leur rage.

Colonne rugissait comme un tigre.

— Il est sauvé ! hurlait-il ; c'est l'enfer qui le protège. Fermez toutes les issues ? que les portes de la ville soient sévèrement gardées. Le mot d'ordre ! le mot d'ordre ?... tuez tout ce qui ne le prononcera pas !

On se mit en devoir de lui obéir, et des courriers partirent au galop dans toutes les directions.

Tandis qu'une multitude acharnée envahissait les galeries et les chambres du Vatican, le libérateur du tribun l'aidait à descendre un escalier tortueux, dont la rampe humide n'était éclairée par aucun rayon du jour.

Après avoir descendu cinquante marches, ils pénétrèrent dans un souterrain très bas et très étroit, sous les voûtes ténébreuses duquel ils marchèrent longtemps à tâtons.

— Malheur ! malheur ! disait Rienzi d'une voix déchirante: j'ai prêté l'oreille à de pernicieux avis, je me suis laissé prendre aux pièges de la vanité et du mensonge... Ah! j'ai perdu Rome et je me suis perdu moi-même!

— Plus vite, frère, allons plus vite! s'écriait Paul, — car c'était bien le fils du Dante que la Providence venait d'envoyer si à propos pour sauver son malheureux ami : — nous n'avons pas une minute à perdre. Si tu as des torts, il faut vivre pour les réparer.

— Où sommes-nous? où me conduis-tu? demanda le tribun.

— Nous traversons le passage secret qui unit le Vatican au château Saint-Ange. Les papes jadis l'ont fait construire pour avoir toujours un refuge assuré en cas d'émeute. En 1329, un vieux gibelin, ami de mon père, fit évader par là Clément V et le cardinal Venturini.

— Mais le château Saint-Ange manque de munitions, il n'y a point de troupes. Comment pourrai-je m'y défendre?

— Aussi n'est-ce pas la défense que je te conseille. Partout tes ennemis sont les maîtres, et la lutte aujourd'hui n'est pas possible. Au lieu de les attaquer, songe à te soustraire à leur rage. Le gouverneur du château est une de tes créatures; il te prêtera un déguisement avec lequel tu pourras quitter la ville.

— Fuir! quitter Rome! s'écria le tribun avec désespoir: non! non! je dois y rester et y mourir.

— Allons, frère, calme-toi ; laisse à mon amitié le soin de ton salut.

— Mon Dieu ! mon Dieu ! faut-il qu'un jour, un seul jour de vertige, anéantisse les travaux et les efforts de deux années entières ! Non, te dis-je, je ne sortirai pas de Rome ; je veux parler au peuple, je veux le désabuser de son erreur !

— Quand toutes les passions sont déchaînées, quand la calomnie trouve force de loi, quand tes adversaires ont pleine victoire ; tu n'y songes pas, Rienzi : ce serait t'exposer à un assassinat. Et ta fille... que deviendrait ta fille ?

— Grand Dieu !... Blanche, mon enfant, où est-elle ?... Miséricorde ! l'as-tu laissée sans défense et sans protecteur au milieu de ce peuple révolté ?

— Ta fille est en lieu sûr, repondit Paul en soupirant.

— Mais où donc ?... parle !

— A trois milles d'ici, sous la sauvegarde d'un homme dont j'ai soupçonné d'abord les intentions, mais qui vient de me donner la preuve qu'elles sont loyales, car c'est lui qui m'a fait connaître le danger que tu courais. Il m'a forcé d'aller à ta délivrance.

— Le nom de cet homme ?

— Je l'ignore, répondit Paul avec un nouveau soupir, bien que je soupçonne qui ce peut être.

— Et tu as laissé Blanche entre les mains d'un inconnu ?

— Cet inconnu, à la tête de quarante hommes d'armes, s'est emparé de nous sur la route d'Ostie. J'ai voulu en vain me défendre : accablé par le nombre, je me suis vu chargé de liens, jeté sur un cheval et conduit par quatre soldats de la troupe jusqu'aux portes de Rome, où ils m'ont donné ce mot d'écrit que tu vas lire.

Ils atteignaient alors l'extrémité du souterrain et entraient dans une cour solitaire du château Saint-Ange.

Le tribun déploya vivement le papier qu'Alighieri lui présentait, il lut ce qui suit :

« Pardonne à la violence dont je viens d'user à ton égard, je n'ai eu d'autre but que de ménager un temps précieux. La fille de Rienzi sera respectée comme elle doit l'être ; mais son père court un danger terrible. Hier j'ai vu le tribun, je l'ai jugé. Sa loyauté, son honneur me sont connus. Il a des ennemis implacables et mon plus grand désespoir est d'être dans l'impuissance de le sauver moi-même. Cours, il en est temps encore ; arrache-le aux embûches de la trahison et de l'intrigue, au poignard des assassins. Tu me l'amèneras ensuite sur la route d'Ostie, où je lui rendrai sa fille. On pénètre à Rome avec ce mot d'ordre : *Italie et victoire.* »

— Voilà qui est étrange ! dit Rienzi rêveur.
— N'est-ce pas ? Cette lettre pourtant ne conte-

nait que l'exacte vérité. En la lisant aux portes
de Rome j'entendais le bruit de l'émeute et je n'ai
pas cru devoir retourner vers Blanche, quand la
mort te menaçait de toutes parts.

— Merci, frère!... Sans toi j'étais perdu. Mais
quel peut être l'auteur de cette missive? Serait-ce
donc ce jeune homme qui hier m'a rendu visite?...
Alors, puisqu'il était instruit de la conjuration,
pourquoi n'est-il pas venu m'avertir? j'aurais pu
du moins combattre et déjouer les funestes projets
de mes ennemis. Il y a sans doute encore là-dessous
quelque trame coupable; il faut rejoindre Blanche
et éclaicir ce mystère.

— Rentre dans le souterrain, dit Paul; reste
caché: la prudence veut que je m'assure d'abord
des intentions bienveillantes du gouverneur. Espérons qu'il ne sera pas de ceux qui disent: « Malheur aux vaincus! »

Il quitta le tribun, traversa la cour et pénétra
dans les appartements du château.

Dix minutes après il revint avec un costume de
paysan des Abbruzes, sous lequel se déguisa Rienzi,
après s'être dépouillé de son manteau de drap d'or.

Le gouverneur fit lever la herse; on baissa le
pont-levis, et le père de Blanche traversa les rues
de Rome, frémissant aux clameurs furieuses de ce
peuple abusé qui, la veille, l'encensait encore;
mais trouvant dans son amour pour sa fille le courage de vaincre son émotion et sa colère.

Ils atteignirent les portes sans être reconnus.

Alighieri jeta le mot d'ordre aux soldats de Montréal et prit avec son compagnon la route d'Ostie, pendant que Colonne, suivi de ses assassins à gages, cherchait le tribun dans tous les recoins du Vatican.

X

D'OSTIE A ROME

Conrad ayant trouvé à la porte *del Babuino*, les quarante soldats que son père, sur la demande du comte de Romagne, avait envoyé prendre au camp pour les confier à ses ordres, s'était élancé avec eux dans la direction où l'on venait de lui donner l'espoir de rencontrer Blanche.

Le jour commençait à poindre.

Éclairée par les lueurs naissantes de l'aurore, la campagne de Rome étendait devant lui sa plaine immense et dépouillée.

Il marchait au milieu d'une sorte de désert aride et nu, sans verdure et sans ombrage. A droite et à gauche de la route on voyait des restes de mausolées antiques, des colonnes abattues, des aqueducs détruits ; et la brise, en passant sous ces ruines, semblait en faire sortir des voix mystérieuses, qu'on entendait bruire sourdement comme l'accent plaintif des ombres.

Depuis la veille, le jeune homme se croyait emporté dans le tourbillon fantastique d'un rêve.

Sa visite à Rienzi, la rencontre du moine chez le tribun, la scène nocturne du Colysée, scène d'incertitude et d'angoisse, où il s'était vu sur le point d'entrer en révolte contre Montréal ; l'intervention de Colonne dans ce débat, de Colonne qui n'était rien autre que le moine, et qui l'avait sauvé de la colère paternelle en lui donnant la mission la plus chère à son cœur, de secourir une femme aimée, tout lui causait une espèce de vertige, tout lui faisait croire qu'il vivait depuis douze heures en dehors de la vie réelle.

Cependant les fraîches émanations du matin calmèrent un peu sa tête brûlante.

Bientôt les rayons du soleil se reflétant sur les armes de sa troupe, et l'agitation de la marche achevèrent de le convaincre qu'il n'était pas le jouet d'un songe. Il se livra tout entier à la joie de revoir cet ange libérateur qui l'avait sauvé de la mort et que Dieu lui permettait de sauver à son tour.

Mais ses réflexions, en devenant plus lucides, lui firent graduellement apparaître les choses sous leur véritable point de vue.

A la joie succéda la crainte, et Conrad frémit lorsqu'il envisagea la situation dans laquelle il allait se trouver vis-à-vis de son amante.

Que va-t-il dire à Blanche? quelles raisons lui donnera-t-il pour la décider à le suivre? Au lieu de s'arrêter quand elle apprendra le sort de son père, ne sera-ce pas une raison de plus pour elle de gagner Rome au plus vite, afin d'écarter le péril de la tête du tribun, péril qu'elle partagera si elle ne peut l'éloigner ?

Déjà Conrad croit l'entendre lui reprocher comme une insigne folie d'avoir songé à elle plutôt que d'aller prévenir son père d'un complot, dont un simple avertissement pouvait briser toute la trame.

Il faudra pour se justifier qu'il décline son nom et fasse connaître à Blanche l'alternative cruelle où il s'est trouvé.

Sauver Rienzi c'était perdre Montréal, c'était l'acte de trahison le plus ignoble et le plus déshonorant : Blanche ne peut manquer de le comprendre ; mais alors il la verra frémir en sa présence, mais il perdra tout son bonheur, et ses aveux seront le signal d'une éternelle séparation.

Plus Conrad entre dans cet ordre d'idées, plus il approche du désespoir, plus il sent que sa démarche est extravagante et que la ruine de son amour doit en être le résultat.

Autant il a eu hâte d'abord de rejoindre la jeune

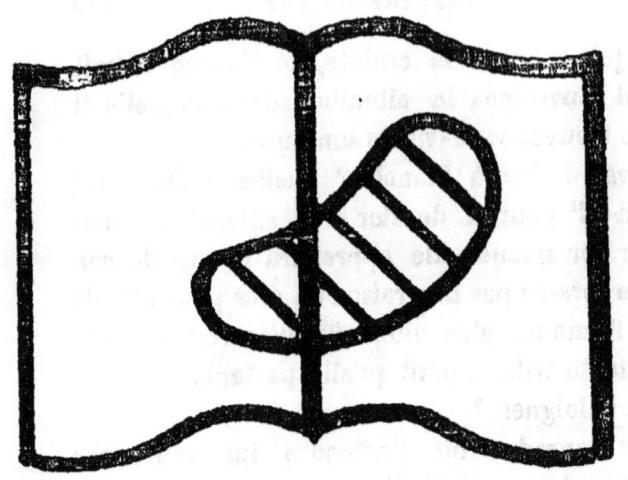

Illisibilité partielle

fille, autant il craint maintenant de se trouver face à face avec elle et de répondre à ses questions.

Tout à coup une idée rapide lui traverse l'esprit, son front s'illumine d'un éclair de joie.

Il commande une halte à ses hommes, se fait donner une armure et se couvre la tête d'un casque, dont il abaisse soigneusement la visière.

Sa résolution est prise, son plan est arrêté.

Il enlèvera Blanche sans se faire connaître et l'empêchera de la sorte de courir à une catastrophe inévitable.

Quant au secret de la conjuration, si un point d'honneur fatal lui enjoint de ne pas le trahir, du moins ne lui est-il pas défendu d'aider le tribun dans le seul moyen de salut qui lui reste peut-être, la fuite. Que Blanche le prenne en haine pour n'avoir point empêché son père de perdre le pouvoir ; mais du moins elle n'aura pas le droit de le maudire pour avoir laissé Rienzi tomber sous le fer de Colonne et de ses partisans.

La troupe se remit en marche, et bientôt Conrad aperçut dans le lointain Blanche et ses compagnons de voyage.

Elle montait une haquenée, à l'amble de laquelle Alighieri réglait le pas de son cheval.

Gertrude était en croupe derrière Giacomo.

On avait été triste et silencieux depuis le départ d'Avignon. Retrouvant sa fiancée avec un autre amour, Paul avait reçu au cœur une blessure profonde, et Blanche sentait trop combien il lui serait difficile d'oublier Conrad pour faire une sorte d'amende honorable à Alighieri et lui promettre un retour d'affection.

— Celui-ci attendait qu'elle s'expliquât sur la scène du couvent.

Mais la jeune fille, troublée d'abord à l'apparition imprévue du messager du tribun, comprit bientôt qu'elle n'avait envers Paul aucun devoir à remplir, qu'une parole donnée par son père ne l'engageait pas, et qu'après tout elle était maîtresse de son cœur.

Elle ne cherchait donc point à rompre la barrière de glace élevée entre eux.

Une fois à Rome, où elle se flattait secrètement de revoir Conrad, elle se proposait de s'ouvrir à son père et de lui dévoiler sans réserve le secret de son âme, en lui laissant le droit de la rendre heureuse ou malheureuse à jamais.

Cependant, lorsqu'elle voyait la tristesse assombrir le visage d'Alighieri, Blanche se sentait émue ; de douces et consolantes paroles étaient sur le point de s'échapper de ses lèvres ; mais elle s'arrêtait dans la crainte de s'engager trop avant et de donner à Paul de trompeuses espérances.

Néanmoins, à mesure qu'on approchait de Rome, cette froideur réciproque diminua.

La joie de revoir son père rendit Blanche moins réservée et plus communicative. Elle admirait d'avance le tribun dans la haute position qu'il s'était faite par son génie, et Paul lui racontant l'ovation populaire dont il avait été témoin, la veille de son départ pour la cour des papes, le cœur de la jeune fille battit d'un noble orgueil.

Quant à Gertrude et à Giacomo, leur amour s'était encore accru par le rapprochement forcé du voyage.

Pour la vingtième fois nos tourtereaux surannés juraient d'allumer le flambeau de l'hymen à leur arrivée à Rome, lorsque ces doux projets de bonheur furent interrompus par les cris de Blanche qui avait pris les devants avec Alighieri.

Giacomo aperçut sa jeune maîtresse au milieu des quarante hommes d'armes commandés par le fils de Montréal.

Il tira sa dague, piqua des deux, contraignit sa monture à prendre le galop, malgré les plaintes et les soubresauts de Gertrude, et tomba au milieu de la troupe, contre laquelle il s'escrima de son mieux.

Mais ce fut de la valeur en pure perte.

Désarmé sur-le-champ comme Alighieri venait de l'être, il fut enfermé avec Gertrude dans le cercle où Blanche était déjà retenue, et on les contraignit à retourner sur leurs pas, tandis que Paul, attaché sur son cheval, se voyait entraîné du côté de Rome par une partie de la troupe.

Muette d'effroi, Blanche regardait tous ces

hommes, qui demeuraient impassibles devant son angoisse, et qui ne semblaient pas s'émouvoir davantage des injures de Gertrude et des imprécations de Giacomo.

— Ne savez-vous pas à qui vous avez affaire, canaille effrontée? criait le soudard : c'est la fille de Rienzi, du puissant tribun de Rome, que vous avez l'audace d'enlever! La potence vous attend.

— Tais-toi, Giacomo, tais-toi. Mords ta langue, et garde pour d'autres les sottises que tu nous débites, dit l'un des hommes de Conrad, en frappant sur l'épaule de l'amoureux de Gertrude.

— Hein!... tu sais mon nom, brigand, fit le routier, qui se hérissa comme un bouledogue.

— Paix! te dis-je, et ne gâte rien. Quant à la potence, sois tranquille, nous la verrons de beaucoup moins près que tu ne l'as vue toi-même.

— Flamme et tonnerre! qu'entends-tu par ces paroles?

— J'entends, reprit l'autre, que si jadis Rienzi t'a empêché d'être pendu, il ne sera pas moins généreux pour nous. Moi, d'abord, je compte particulièrement sur sa bienveillance.

— Ah! ah!... fort bien!.... Nous lui donnerons le conseil de te faire rouer vif, et tu auras la corde après coup.

— Tu veux dire après le cou. Mais au diable la plaisanterie, elle est malsaine! Je t'assure qu'on ne fera aucun mal à la fille du tribun. Des dangers sans nombre l'attendaient à Rome ; nous ne l'enlevons pas, nous la sauvons, et notre chef a pris l'avance, afin d'aller lui préparer un gîte convenable.

— Ça, voyons, d'où me connais-tu ? demanda Giacomo avec plus de calme.

Il commençait à être impressionné favorablement par les discours de son interlocuteur.

— Ma foi, répondit le soldat, tu n'as pas la mémoire heureuse, car nous avons fait plus d'une fois ensemble des expéditions de la nature de celle-ci, — et même de beaucoup moins innocentes ; car, si tu veux bien le remarquer, nous ne volons rien, et surtout nous ne violons rien.

— Chut !... silence donc ! fit Giacomo, qui entraîna son homme à une distance convenable de la nourrice, dont il ne voulait pas effaroucher la candeur.

Il le regarda bien en face et s'écria :

— *Corpo di Bacco !* c'est ce coquin de Piccolini.

— Moi-même, répondit le soldat ; mais coquin est de trop ; je suis devenu honnête homme.

— Est-ce bien sûr ?

— Très sûr. Je t'en donnerais la preuve à l'instant même, si notre chef ne nous avait recommandé la discrétion sous les peines les plus sévères. Va donc rassurer ces deux femmes qui se lamentent, et dis-leur que notre unique but est de vous rendre service.

Giacomo se rapprocha de Blanche et de Gertrude.

Mais, avant qu'il eût pu apaiser leurs craintes, en leur communiquant les motifs de tranquillité dont son ancien compagnon venait de lui faire part, on arrivait à une sorte d'auberge isolée, au seuil de laquelle se tenait le chevalier armé de toutes pièces qui commandait la troupe.

A sa vue, l'épouvante de Blanche fit place à l'indignation.

Relevant fièrement la tête, elle marcha droit à lui, et lui dit avec une noble et courageuse assurance :

— Vous êtes indigne, seigneur, de porter cette armure. Selon toute apparence vous en avez dépouillé quelqu'un, car un véritable chevalier ne traite pas ainsi de faibles femmes ; ou du moins il explique sa conduite, il se fait connaître et ne reste pas la figure couverte comme un bandit de grand chemin.

Conrad tressaillit péniblement.

Giacomo se pencha vers la jeune fille et lui dit à voix basse :

— Au nom du ciel, signora, prenez garde à vos discours ! J'ai l'assurance qu'on ne veut attenter ni à votre personne ni à votre honneur.

— Je n'accepte pas les services d'un homme dont j'ignore le nom et qui persiste à me cacher son visage, répondit Blanche fixant intrépidement Conrad ; je le tiens jusqu'à nouvel ordre pour traître et félon ; qu'il n'attende que mon mépris !

A ces mots, elle entra dans l'auberge, lançant au jeune homme un regard tout à la fois dédaigneux et courroucé, qui lui remua jusqu'à la dernière fibre du cœur.

Il allait s'élancer vers elle.

Sa résolution si ferme de garder l'incognito cédait au sentiment impérieux qui le portait à se justifier aux yeux de Blanche ; mais celle-ci venait de disparaître et de s'enfermer dans l'une des chambres voisines, en sorte qu'il put de nouveau réfléchir à l'impossibilité de la justification, sans se faire connaître, et par conséquent sans élever entre Blanche et lui une barrière insurmontable.

Il attendit les événements et envoya du côté de Rome quelques-uns de ses gens en éclaireurs, afin de savoir si Paul avait sauvé Rienzi.

Vers le soir, on lui annonça que deux hommes, dont l'un était celui qu'on avait entraîné de force le matin même jusqu'à la ville, se dirigeaient vers l'auberge.

Aussitôt il réunit tous ses soldats, leur ordonna de monter à cheval et leur fit prendre le galop jusqu'à la montagne prochaine, à l'opposé de la route que suivait Alighieri avec le tribun. Après avoir eu le courage de résister à son amour pour la fille, il ne voulait pas répondre aux questions du père.

Seulement, avant ce départ, Piccolini s'était approché de Giacomo et lui avait glissé mystérieusement un billet pour sa maîtresse.

Le routier se disposait à porter ce message, lorsque tout à coup il aperçut Rienzi et le fils du Dante qui approchaient de l'auberge.

Il s'élança joyeux vers la chambre où Blanche s'était réfugiée.

— Signora, cria-t-il, nous sommes libres ! Ceux qui nous ont arrêtés viennent de partir, et voici votre père avec votre fiancé.

Comme il achevait ces mots, Rienzi lui-même entrait et pressait sa fille contre son cœur.

— Mon père ! mon père ! s'écria Blanche au milieu des caresses les plus vives et de l'épanchement le plus tendre de l'amour filial, il m'est donc enfin donné de vous revoir !

— Hélas ! chère enfant, répondit le tribun, j'ai tout perdu ; mais tu me restes et je bénis encore la Providence !

— Vous avez tout perdu, mon père ? dit Blanche avec saisissement.

— Oui..... Mes ennemis triomphent..... Oh ! sois sans crainte, j'aurai ma revanche !..... il fallait avant tout me soustraire à leur aveugle rage, car ils m'ont pris au dépourvu par ruse et trahison. Dans cette querelle j'ai pour moi l'empereur Charles IV ; il m'a témoigné de la bienveillance, il sera mon protecteur et je vais me rendre à sa cour, afin de lui demander son appui et de hâter le châtiment de mes lâches adversaires. Mais, ajouta le tribun en portant les yeux autour de lui, je m'attendais à voir l'homme à qui nous devons, toi le salut, moi la délivrance.

— De qui voulez-vous parler, mon père ? demanda Blanche surprise.

— Je parle du chevalier de Sainte-Croix, de celui qui t'a fort à propos empêchée d'entrer à Rome, et qui a envoyé Paul pour favoriser ma fuite.

— Le chevalier de Sainte-Croix..... Ce nom m'est inconnu.

— Voyons, dit Rienzi en prenant sa fille à l'écart, lorsque la peste désolait Avignon, n'as-tu pas préservé de la mort un jeune homme atteint du fléau ?

— Quoi ! dit-elle avec trouble, ce jeune homme...

— Est celui qui nous a sauvé.

— Conrad !... oh ! c'est impossible !... Il eût été là, près de moi et je n'aurais pas deviné sa présence... Non, non, vous vous trompez, ce n'était pas Conrad ! Pourquoi se serait-il entouré de mystère, pourquoi m'aurait-il caché son visage ?

— Voici qui vous l'expliquera peut-être, dit Giacomo, présentant à la fille du tribun le billet qu'il avait reçu de Piccolini.

Elle le décacheta et lut d'une voix tremblante :

« Je vous ai sauvée. Le ciel a permis en même
» temps que je vous réunisse à votre père. Adieu !

» soyez heureuse, et oubliez-moi : nous devons être
» ennemis. »

— Ennemis !... et pourquoi donc, hélas ! murmura Blanche frappée au cœur. Il me croit infidèle à mes promesses, il me soupçonne de parjure. Conrad, Conrad !... Ah ! j'en mourrai de désespoir !

Ses genoux chancelèrent, un cri s'échappa de sa poitrine ; elle tomba sans connaissance dans les bras d'Alighieri, qui s'était avancé pour la soutenir.

— Tu le vois, elle ne m'aime pas, dit Paul au tribun. Son bonheur avant le mien, frère, je te rends la parole que tu m'avais donnée.

XI

LE PRISONNIER

Notre but en écrivant ce livre a été surtout de puiser dans l'histoire du passé quelques enseignements profitables à l'époque actuelle.

De tout temps les hommes se sont montrés les mêmes ; les passions et les erreurs d'autrefois ressemblent aux passions et aux erreurs d'aujourd'hui. Si les peuples, dans tous les âges, avaient su mieux discerner la vérité du mensonge ; si des hommes perfides n'avaient pas entravé le progrès pour faire, à chaque pas, retomber les nations dans l'ornière du despotisme et de l'ignorance, nous ne verrions pas l'humanité contrainte en quelque sorte à se copier elle-même et à nous montrer des révolutions analogues, à quatre siècles de distance.

Un instant sortie de la tombe, la liberté de Rome venait d'y rentrer de nouveau.

Secourus par le père de Conrad, les nobles avaient chassé Rienzi ; mais la ville n'en était que moins paisible et moins heureuse.

Le désordre recommençait à se promener insolemment dans son enceinte ; l'anarchie, la violence, la rapine obtinrent seules des immunités et des franchises, et Colonna eut l'adresse de déjouer toutes les tentatives d'organisation de Montréal.

Quant au pape, malgré sa promesse à madame de Turenne, il n'osa point retourner dans la ville sainte et se compromettre au milieu de luttes odieuses.

Il se contenta d'y envoyer un légat qui se mit à disputer les bribes du pouvoir tantôt aux nobles, tantôt au peuple, auquel la révolution de Rienzi avait donné la mesure de ses forces, et qui voulait aussi avoir sa part de jouissance et de bonheur matériel.

Nous retrouvons Clément VI au palais d'Avignon, toujours en compagnie de la comtesse ; mais ils sont bien changés l'un et l'autre.

Le pape est attaqué d'une maladie de langueur contre laquelle toute la science de ses médecins n'a pu trouver de remède.

Étendu dans une chaise longue, pâle, immobile et presque sans souffle, il grelotte sur un balcon du palais au plus fort des chaleurs d'août.

Assise auprès de lui devant un bureau chargé de parchemins et de missives, madame de Turenne rédige, décachette, lit, compulse, annote et remplit toutes les fonctions d'un premier ministre. Sa beauté a subi de rudes atteintes, moins par le surcroît d'âge que lui ont apporté les ans, que par la lutte à laquelle elle a dû se livrer contre tout le sacré collége pour ne pas être renversée de son pouvoir.

Les cardinaux en masse ayant pris le parti de soutenir Albornos, l'intrigante personne s'était vue dix fois à la veille de sa ruine ; mais douée d'une énergie fiévreuse et d'un orgueil indomptable, elle avait toujours réussi à dominer le pape, tantôt par la ruse, tantôt par la crainte.

C'était elle qui réglait tout, qui décidait tout.

Néanmoins la maladie du chef de l'Église rendait chaque jour plus difficile la tâche que l'ambitieuse femme s'était imposée.

Un pied dans la tombe, Clément n'envisageait pas sans terreur le passage de cette vie à l'éternité. Albornos ne laissait échapper aucune occasion d'exciter ses remords ; mais la comtesse avait juré de conserver jusqu'au bout son influence, et le faible pontife n'avait pas encore eu le courage de prévenir sa damnation dans l'autre vie, en se débarrassant de la damnation anticipée dont il était victime en ce monde.

Madame de Turenne avait réussi à l'isoler entièrement.

Depuis un mois les cardinaux n'avaient point approché le pape. Clément ne pouvait consulter ses médecins qu'en présence de la comtesse.

Elle continuait de rédiger la correspondance ; elle dictait les brefs et les bulles, les présentait à la signature, les expédiait dans toute la chrétienté, et semblait prendre à cœur de faire revivre les traditions burlesques et fabuleuses de la papesse Jeanne.

Ce jour-là, après avoir bien joué au ministre, bien griffonné, bien ordonnancé, bien disposé d'une foule de bénédictions et d'indulgences, elle prit un parchemin, y traça rapidement quelques lignes, s'approcha du pape et lui présenta ce parchemin avec une plume.

— Signez, très saint-père, lui dit-elle.

Ordinairement le pontife signait sans lire ; mais cette fois son œil erra vaguement sur l'écriture et y surprit un nom qui le fit bondir sur son siège.

— Rienzi ! s'écria-t-il.

— Allons, votre seing, vite, au bas de cet acte, riposta madame de Turenne sur le ton du commandement ; l'heure presse, et beaucoup d'affaires sont en retard.

— Mais c'est une sentence de mort ? murmura Clément avec épouvante.

— Je vous expliquerai cela tantôt. Signez.

— Rienzi, nous avons Rienzi en notre pouvoir ! Et pourquoi voulez-vous le faire mourir ?

— L'Inquisition l'a condamné. Signez, vous dis-je ; approuvez la sentence.

Elle appuyait sa main crispée sur l'épaule du pontife et le secouait avec une sorte de rage. Clément, pâle de crainte, allait obéir, quand un bras s'avança tout à coup au-dessus de son fauteuil et lui enleva l'acte des mains.

Madame de Turenne redressa la tête et poussa comme un rugissement de lionne.

Albornos était devant elle.

— D'où venez-vous ? qui vous a permis d'entrer sans mes ordres ? cria la comtesse.

Elle s'élança vers le prélat, menaçante et courroucée ; mais Albornos la repoussa froidement et ne daigna pas lui répondre. Il déchira le parchemin, dont il jeta un à un les morceaux en dehors du balcon.

Passant ensuite à côté de son ennemie, qu'il toisa d'un regard méprisant, il vint s'agenouiller devant le pape, dont il baisa la mule avec respect.

— Pardonnez, dit-il, très saint-père, à l'un de vos serviteurs les plus fidèles, s'il ose pénétrer ici sans votre autorisation ; mais il faut savoir parfois désobéir à ceux qu'on aime et qu'on vénère, lorsque leurs intérêts les plus sacrés sont en cause.

Il se releva lentement et dit à madame de Turenne :

— Voici l'heure d'une lutte décisive entre nous, madame. Ne faites point de scandale, gardez-vous d'appeler des témoins pour entendre ce que j'ai à vous dire : vous y perdriez beaucoup plus que moi, je vous le jure. Entrons l'un et l'autre dans des explications franches et loyales. Si le pape me donne tort, je me retirerai ; sinon ce sera dorénavant à vous de mettre un terme à votre vie d'intrigues et d'actions mauvaises.

— Monsieur ! cria-t-elle avec fougue.

— Ah ! silence, dit le cardinal avec gravité : mon premier devoir est d'appeler les choses par leurs noms. Vous abusez de l'état pénible du saint-père pour le réduire à une sorte d'esclavage, aussi humiliant que désastreux pour l'Église.

Clément joignit les mains, porta les yeux au ciel et fit entendre un soupir.

Enhardi par cette approbation muette, le cardinal reprit :

— Une femme ne peut diriger le royaume de Christ ; ce n'est point à une femme à servir de conseil au chef de la religion.

— Et pourquoi donc ? s'écria-t-elle : n'ai-je pas été, depuis dix ans, l'amie du pape la plus dévouée et la plus sincère ? Me croyez-vous, parce que je suis femme, moins de talents pour l'administration que vous croyez en avoir vous-même ? C'est la jalousie, c'est l'ambition qui règlent votre conduite. — Oui, monsieur le cardinal ! Il ne s'agit point ici de débiter des phrases sonores et de faire parade de grands sentiments ; la faiblesse du pape n'aura pas d'excuse, s'il ne vous punit à l'instant même de l'audace que vous avez eue de l'espionner et d'entrer ici sans son aveu.

— Le pape sera libre de me punir, Madame, lorsqu'il m'aura entendu. Vous aviez le projet de lui extorquer une signature.

— Insolent !

— De lui extorquer une signature, je maintiens l'expression. Il faut par conséquent expliquer ici les motifs qui vous portaient à cette violence. Le saint-père ignorait que l'ancien tribun de Rome fût prisonnier dans les cachots de ce château. Pourquoi lui en aviez-vous fait un mystère ? C'est ce que je vais lui apprendre.

La comtesse devint livide.

Comprenant qu'Albornos était résolu à braver son courroux, et sentant que la lutte qu'il venait d'annoncer la perdrait sans retour dans l'esprit de Clément, elle voulut empêcher cette lutte à tout prix.

— Et moi, s'écria-t-elle, je vous défends de parler ! Puisque votre haine comme votre effronterie n'a plus de bornes, puisqu'il faut en venir aux derniers moyens, rappelez-vous que je ne suis pas seulement l'amie du pape.

— Madame !... au nom du ciel ! murmura Clément, rouge de honte.

— Eh ! mon Dieu, dit la comtesse avec cynisme, il faut accepter franchement les situations.

— Albornos, balbutia le pape, un peu d'indulgence, un peu de pitié!... je vous jure que justice sera faite, je vous le jure sur l'Évangile et sur la croix !

— Je n'accepte aucune transaction, dit résolument Albornos. Pardonnez, très-saint-père, à une insistance dont l'excuse est dans les paroles mêmes qu'on vient de faire entendre. Hélas ! nous sommes tous faibles et les plus hautes dignités chrétiennes ne nous sauvent pas du péché ! Mais que Satan qui nous l'a fait commettre, mais que l'instrument de la tentation lui-même vienne se vanter de notre chute et jeter l'opprobre sur le caractère sacré dont nous sommes revêtus, voilà ce que nous ne souffrirons pas et que nous ne devons pas souffrir !

— Oui..... Votre Éminence a raison, dit Clément d'une voix presque éteinte.

— Sortez ! sortez ! cria la comtesse, levant la main à la hauteur de la joue du cardinal.

Albornos saisit avec force le bras qui le menaçait et envoya cette furie tomber sur un siège.

— Non, Madame, répondit-il, non : le pape ne m'a point ordonné de sortir, et je reste. Ne me forcez plus à m'écarter des égards dus à une femme, quand toutefois elle ne manque pas elle-même la première aux lois des bienséances. Entre vous et moi, il y aura sur-le-champ, je le veux, un débat contradictoire. Il s'agit d'une sentence de mort : sera-t-elle signée, ne le sera-t-elle pas ? Le saint-père me promet justice, j'y compte. En attendant, je le prie de donner des ordres pour envoyer un confesseur au prisonnier. J'ai là tout prêt un permis d'entrer dans le cachot ; ce permis n'attend plus que le sceau de Sa Sainteté pour être valable.

— Donnez, dit Clément.

Le cardinal tira de sa poche un parchemin et le remit au pape.

— Dans le cas où on l'emporterait sur moi, ajouta-t-il avec un sourire d'ironie poignante, il est essentiel que le condamné se prépare à la mort.

Madame de Turenne restait sur son siège, pâle, frémissant de rage, et voyant trop qu'elle ne réussirait point à briser l'obstination d'Albornos. Son but avait été de demeurer seule avec le pape, sûre qu'elle était de triompher et d'empêcher le retour de l'accusateur ; mais le cardinal tenait bon. C'était un roc qu'une tempête de colère ne pouvait déplacer.

Clément fit un signe.

Albornos frappa sur le timbre d'appel, et le pape remit lui-même le permis signé au page qui se présenta.

Il faut maintenant que le lecteur nous suive dans les souterrains obscurs où se sont passées jadis plusieurs scènes de notre histoire.

Là, sur un monceau de paille humide, un homme est étendu, malade, décharné, priant le ciel de terminer ses jours avec ses souffrances, car il sait trop que l'Inquisition ne rend pas ses victimes.

Cet homme est Rienzi.

Par quel enchaînement de fautes et de désastres en est-il venu à tomber dans cette situation déplorable ? nous le saurons bientôt.

Toujours est-il que l'infortuné s'attend d'une minute à l'autre à ce qu'on vienne le chercher pour le conduire au supplice. Il a demandé un confesseur, afin d'être encouragé et soutenu dans ce moment terrible ; mais, voyant paraître un de ses juges, il l'a repoussé avec indignation.

Certain que ses ennemis voulaient le priver de l'assistance de la foi, Rienzi suppliait Dieu de lui pardonner toutes les fautes qu'il avait pu commettre, lorsqu'il entendit tout à coup une espèce de querelle à la porte de son cachot.

Les paroles de deux interlocuteurs arrivaient distinctement jusqu'à lui.

— Je vous affirme qu'on n'entre pas, disait le geôlier d'un ton bourru.

— Je vous affirme que j'entrerai, répondait l'autre voix avec le plus grand calme.

— Non, de par le diable ! car madame de Turenne le défend.

— C'est possible, mais le pape le permet. Voici l'ordre signé de sa main.

Le timbre de la seconde voix fit tressaillir Rienzi qui se dressa sur son séant. Aussitôt, les verrous furent tirés et la porte s'ouvrit.

Un prêtre parut sur le seuil.

Il s'avança lentement et presque à tâtons vers le lit du prisonnier, tant le cachot était sombre ; mais les yeux de Rienzi habitués à l'obscurité reconnurent bien vite celui qui entrait.

— Pétrarque ! s'écria-t-il en joignant les mains. O merci, merci, Seigneur, puisque vous m'accordez cette consolation suprême !

— Oui, c'est moi, dit le poète très ému, moi qui n'ai pu venir plus tôt t'apporter les consolations de l'amitié et celles de mon ministère.

Il se jeta dans les bras de Rienzi ; leurs larmes se confondirent.

Depuis longtemps déjà, François avait exécuté, en entrant dans les ordres, la résolution qu'il avait prise, à la mort de Laure, de se vouer à Dieu.

— Est-ce pour ce matin ? demanda le prisonnier, qui releva la tête et regarda son ami.

Pétrarque eut un frisson de terreur.

— Hélas ! murmura-t-il, je n'ose te laisser de l'espoir.

— Oh ! maintenant je puis mourir, et mourir avec joie, puisque je t'ai revu, puisque avant de rendre mon souffle au Créateur j'aurai pu verser mes confidences dans le sein du plus cher compagnon de ma jeunesse...

— Non, non, tu ne mourras pas, c'est impossible !

— La rage de mes ennemis, frère, ne s'éteindra que dans mon sang.

— Écoute, dit Pétrarque : le cardinal Albornos et moi, nous connaissons d'hier seulement tes infortunes. Alighieri s'est échappé des prisons de l'empereur, il est accouru vers nous. Juge de notre épouvante, quand nous sûmes, à n'en pouvoir douter, que, depuis deux mois et plus, tu devais être dans les cachots du palais...

— Oh ! cette femme ! cette femme ! cria le tribun, qui serra tout à coup les poings dans un transport furieux.

— Madame de Turenne... C'est d'elle, n'est-ce pas, que tu veux parler ?

— Oui, qu'elle soit maudite !

— Albornos a mandé sur-le-champ le grand inquisiteur ; il a réussi à l'intimider suffisamment pour avoir quelques détails et, devinant le reste, il n'a pas balancé une minute à se rendre chez le saint-père, avec la résolution de se perdre lui-même ou de faire triompher la bonne cause.

— Est-ce possible ?... Je serais vengé !

— Hélas ! réussira-t-il ? dit Pétrarque. L'effrayante habileté de cette femme me confond. Jusqu'à ce jour, elle a déjoué toutes les tentatives, tous les complots tramés contre son fatal pouvoir. Déjà cependant le cardinal a remporté un avantage : il a obtenu du pape que je viendrais auprès de toi de préférence à un de ses bourreaux. Cette première victoire sera-t-elle suivie d'une autre plus décisive ?

Je connais la faiblesse du pontife, et voilà pourquoi je n'ose te dire d'espérer.

— Ami, j'accepte avec résignation ce que le ciel décidera de mon sort. Je suis puni de mes fautes, c'est justice.

— Tes fautes sont honorables : elles viennent d'un excès d'honnêteté et de confiance, dit le poëte avec un soupir.

— En attendant, j'ai perdu la république, j'ai tué sottement mon œuvre. Adieu la liberté de Rome ! adieu mes beaux rêves d'avenir ! Une faute, une seule faute a tout détruit.

— Mais pourquoi donc, au lieu de rester en Italie et de prendre des mesures pour rétablir ton pouvoir, as-tu cherché refuge auprès de l'empereur Charles IV ?

— J'étais sans troupes, sans argent. L'empereur m'avait écrit une lettre remplie d'assurance amicale et d'éloges : l'idée m'est venue d'aller lui demander des forces pour mieux dominer la situation. J'ai donc laissé ma fille dans les environs de Rome, sous la garde des fidèles serviteurs qui l'ont jadis accompagnée près de toi ; puis je me suis rendu avec Alighieri dans la capitale de l'empire. On nous y fit d'abord beaucoup d'accueil ; mais je n'obtenais rien. Charles IV ne me donnait que des réponses évasives. Enfin il me proposa de renoncer à mes idées républicaines, de retourner à Rome et d'y rétablir sur ses bases solides l'autorité du pape.

— Tu as refusé.

— Fallait-il me couvrir de honte et démentir les principes de ma vie entière ? Après s'être servi des nobles pour me renverser, le pape osait-il croire que je l'aiderais à combattre ceux qui ne lui avaient pas rendu la puissance ?

— En effet, tu ne pouvais accepter.

— « Ce que vous attendez de moi, répondis-je à l'empereur, serait déshonorant. Advienne que pourra, mais je ne souillerai pas mon nom, je ne mettrai pas ma politique présente en désaccord avec ma politique passée. » Alors il a jeté le masque et m'a déclaré son prisonnier.

— Violation du droit des gens, dit Pétrarque.

— Oh! les puissants de la terre, empereurs et rois, n'y regardent pas de si près ! Charles IV, avant tout, désirait être agréable à madame de Turenne, dont les charmes, lors d'un voyage qu'il fit dans le comtat Venaissin, avaient laissé des traces profondes dans son souvenir. En reconnaissance de je ne sais quelles faveurs ignorées du chef de l'Église, il avait pris l'engagement de me faire accepter les plans de restauration pontificale rêvés par cette femme. Irrité de mon refus, il garda Paul dans les prisons de Prague et m'expédia, chargé de chaînes, à la favorite du pape.

— Clément, je le jure, ignorait ces infamies et ces intrigues.

— Il n'en est que plus coupable. Mais ce n'est pas

tout : ici commence une série d'horreurs qui me font envisager la mort comme un bienfait, puisqu'elle doit y mettre un terme. Pour essayer d'obtenir elle-même ce que l'empereur n'avait pas obtenu, madame de Turenne a osé descendre dans mon cachot. Là, frère, à cette même place où tu es assis, elle est venue dix fois s'asseoir. » Je te propose, me disait-elle, de partir pour Rome avec le pape et moi ; tu ressaisiras ton ancienne puissance sur le peuple, tu laisseras de côté ton rêve de république, et tu nous aideras à terrasser ces nobles perfides qui nous ont trahis. En récompense de tes services, je m'engage à te faire donner le chapeau de cardinal. Clément n'est qu'une ombre, un fantôme ; c'est un caractère sans initiative et sans énergie : tu partageras avec moi le pouvoir. »

— Honte et dégoût ! dit François.

— Attends, frère... Sur mon refus positif elle est allée plus loin, et sa folle ambition oubliant toute pudeur, elle m'a dévoilé entièrement l'ignominie de son âme. » Le pape, ajouta-t-elle, est attaqué d'une maladie de langueur ; il n'a pas deux mois à vivre. Tu es veuf, qui t'empêche d'entrer dans les ordres ? crois-tu qu'il nous serait bien difficile de gagner le conclave et de réunir les voix sur ta tête ? » Enfin elle n'a rien vu de mieux pour me séduire que de me proposer la succession de Clément VI, avec tous les avantages, ou plutôt tous les opprobres attachés à cette succession.

— O courtisane impure! s'écria le poète.

— Me voyant incorruptible et sourd à ses instances, elle eut recours à la menace et me parla de bourreaux et de tortures. Ceci ne m'a point effrayé, frère. Ni les supplices ni l'approche de la mort n'ont pu me décider à accepter le déshonneur, à trahir la cause du peuple, à mentir à mon passé... Regarde! en voici la preuve.

A ces mots, Rienzi souleva sa couverture et fit voir à Pétrarque ses jambes entourées de bandelettes sanglantes.

— L'Inquisition! murmura François, en se cachant le visage : on nous avait dit vrai, mon Dieu!

— Oui, mais la torture s'est émoussée sur mon âme. Au milieu des angoisses j'ai bravé ces juges sanguinaires : ils n'ont rien obtenu.

— Embrasse-moi, noble et saint martyr! s'écria Pétrarque. L'Inquisition et ses bourreaux ne pouvaient rien sur ton grand cœur. Si le ciel est juste, il te doit une revanche.

Le poète achevait à peine de parler, que le bruit d'une troupe nombreuse qui approchait se fit entendre dans le souterrain.

Bientôt Albornos entra, suivi des principaux officiers de la cour du pape.

— Rienzi, dit-il en s'approchant du grabat sur lequel était étendu le prisonnier, le temps des persécutions touche à son terme et celui de la gloire va renaître. Votre ennemie est vaincue, je viens d'obtenir contre la comtesse une ordonnance d'exil ; elle est partie, la rage au cœur, et Clément VI m'envoie vous présenter à lui. Aux hommes de votre sorte on n'impose aucune condition ; c'est à vous de nous en dicter. Vous êtes, et vous resterez tribun de Rome.

— Enfin ! s'écria Rienzi.

Sa figure s'illumina d'un éclat sublime, et levant au ciel ses mains palpitantes :

— Je vais donc te revoir, ô mon peuple! ajouta-t-il ; je vais de nouveau travailler à ta délivrance!... Grâces vous soient rendues, Seigneur, qui chassez le mensonge et faites cesser mes jours d'épreuve! Plus d'obstacles à mon retour... En Italie! en Italie... Vive le pape et vive la liberté ! !

XII

AMOUR

Le soir même, Clément VI reçut le tribun en audience solennelle. Il lui demanda pardon des maux qu'on lui avait fait endurer à son insu.

Grâce à la fermeté d'Albornos, le faible pontife s'était enfin débarrassé de la tyrannie de madame de Turenne. La lutte avait été terrible, et plus d'une fois cette héroïne de l'intrigue avait balancé les chances de victoire! mais le cardinal sut tellement faire monter la honte au front du pape et l'épouvanter du compte sévère qu'il aurait à rendre à Dieu, que toutes les irrésolutions eurent un terme.

Madame de Turenne reçut l'ordre de quitter le château à l'instant même, et le comtat Venaissin dans les vingt-quatre heures.

L'émotion causée à Clément par cette scène affligeante pour son amour-propre et sa dignité donna le dernier coup à sa santé déjà compromise. Après le départ de la favorite, les pages le transportèrent dans son lit, d'où il ne devait plus sortir vivant. Huit jours après, il était à toute extrémité, et bientôt le beffroi annonça par son glas funèbre qu'il fallait choisir un successeur au chef du Catholicisme.

On assembla le sacré collége. Les votes des cardinaux élevèrent au siège pontifical Étienne d'Albert, ami d'Albornos et l'un des plus grands admirateurs de Pétrarque.

Le nouveau pape prit le nom d'Innocent VI.

Un des premiers actes de son autorité fut d'armer dix mille hommes et de les donner à Rienzi, afin de l'aider à reconquérir sa domination si fatalement perdue.

Ce fut un beau jour pour le tribun, que celui où il se vit prêt à franchir les Alpes avec cette armée.

Il eut toutefois un chagrin auquel il était loin de s'attendre.

Le fils du Dante, cet ami dont le dévouement l'avait soutenu dans ses malheurs, refusa de le suivre à Rome et de partager sa prospérité nouvelle.

— Eh quoi! lui dit Rienzi, est-ce ma faute si je n'ai pu réaliser nos plus chères espérances? Tu as renoncé trop vite à la main de ma fille, et peut-être...

— Non ! non ! s'empressa d'interrompre Paul ; elle a un autre amour au cœur, et cet amour est sérieux, autrement elle eût reculé devant mon chagrin. Penses-tu que Blanche et le chevalier de Sainte-Croix n'aient pas trouvé l'occasion de se revoir pendant notre longue captivité? Je le répète, ami, j'ai trop aimé ta fille pour ne pas sacrifier mon bonheur au sien. Je reste avec Pétrarque. Nous travaillerons ensemble, et nous chercherons un remède à nos cœurs blessés auprès de cette maîtresse, qui ne meurt pas et qui n'est jamais infidèle, la Poésie.

— Frère, dit Pétrarque au tribun, ne lui adresse ni reproche ni blâme ; on ne raisonne pas les peines d'amour. Va, retourne sans nous à Rome, achève ton œuvre grandiose de régénération et de liberté. D'ici nos regards te suivront sans cesse ; nous applaudirons de toute notre âme à tes triomphes, et nous irons te rejoindre, moi quand je pourrai me séparer du tombeau de Laure, et lui quand il aura la force de ne plus voir dans ta fille qu'une amie et une sœur.

Rienzi dut partir seul.

Il est temps de revenir à ceux de nos personnages, loin desquels nous avons été entraînés par les exigences de notre récit.

Conrad, après avoir sauvé celle qu'il aimait du

péril où elle eût pu succomber, en arrivant à Rome au milieu de l'émeute qui brisait le pouvoir du tribun, avait, comme on se le rappelle, résisté au désir de se faire reconnaître de Blanche

La nécessité où il se fût trouvé de lui expliquer sa conduite ainsi que la part active de Montréal à la chute de Rienzi, l'aida puissamment à dompter sa faiblesse et à vaincre l'élan de son cœur.

Il se jeta d'abord avec sa troupe au milieu d'un bois d'oliviers afin d'éviter la rencontre des deux fugitifs du château Saint-Ange ; puis il regagna la route et conduisit ses soldats à Rome, sachant, d'après ce qu'il avait entendu dans les ruines, que Montréal avait dû quitter son camp pour se porter avec toutes les forces dont il disposait sur le théâtre de l'émeute.

Lorsque le jeune homme entra dans la ville, le peuple, excité par Colonne, cherchait de tous côtés en poussant des cris de fureur celui pour lequel, peu de jours auparavant, il n'avait ni assez de louanges, ni assez d'amour.

Toutes les maisons où l'on pensait que Rienzi avait pu demander refuge étaient mises au pillage et saccagées sans miséricorde.

Quant au domicile même du tribun, il fut livré aux flammes et la populace dansa jusqu'au jour à la clarté de l'incendie.

Conrad trouva son père dans les salons du Vatican.

Le capitaine siégeait avec le comte de Romagna à la tête du conseil des nobles, où l'on discutait sur les mesures à prendre dans la circonstance.

Montréal désirait qu'on envoyât sans retard des ambassadeurs à Avignon pour annoncer à Clément VI le succès de la révolte et l'inviter à revenir prendre possession de la ville sainte ; mais Colonne objectait qu'il valait beaucoup mieux veiller d'abord à l'affermissement de l'ordre et empêcher le retour de Rienzi, attendu, disait-il, que la chose la plus importante était de rendre au saint-père une ville calme et fidèle.

Ce raisonnement avait du spécieux ; il influa de préférence sur le conseil, et Montréal donna dans le piège.

Son armée, composée d'éléments bizarres et dans laquelle il avait eu tant de peine à établir une apparence de discipline, respecta ses ordres quelques jours encore ; mais l'insubordination ne devait pas tarder à la dissoudre.

Ayant une fois la certitude que Rienzi n'était pas caché dans Rome et qu'il avait pris la fuite pour chercher un refuge auprès de l'empereur, Colonne fit travailler sourdement les troupes, où un vieux levain de désordre et de brigandage fermentait toujours.

En moins d'une semaine les régiments de lansquenets, de grisons et d'archers se débandèrent.

Une partie de ces soldats d'aventure gagna les gorges des Apennins ; d'autres prirent la route des Calabres, où ils formèrent des corps de bandits, et le reste se mit au service des seigneurs, ce qui revenait à peu près au même.

Colonne alors crut inutile de recourir à la dissimulation avec un général sans armée.

Il déclara que les nobles avaient résolu de tenir le pape écarté de Rome et de rester maître des États de l'Église.

Montréal fut obligé d'en passer par ce qu'on voulut.

On lui offrit la place de gouverneur de la ville, titre dérisoire qui ne lui donnait aucune espèce d'autorité puisqu'il n'avait plus de soldats. Du reste, étant lui-même un soldat de fortune, il ne se montrait ni fort exigeant ni fort crupuleux, Colonne n'eut pas de peine à le ranger à son opinion, c'est-à-dire à profiter du renversement de Rienzi pour rétablir le despotisme des nobles au détriment de la puissance pontificale.

Toutes ces intrigues étaient loin d'avoir l'approbation de Conrad.

A diverses reprises il voulut rappeler à Montréal ses engagements avec la cour d'Avignon ; mais celui-ci refusa d'établir là-dessus une controverse.

Chaque fois il imposa silence au jeune homme, prenant soin de masquer sous l'autorité paternelle son embarras et le trouble de sa conscience.

Bientôt, en voyant le pillage et l'assassinat se promener dans les rues de Rome, Conrad se demanda s'il eût réellement commis un crime en avertissant le tribun, et s'il n'eût pas mieux valu désobéir à son père, l'exposer peut-être à un péril, que de laisser ainsi faire le sac d'une cité malheureuse et tyranniser tout un peuple.

Rarement il assistait aux festins somptueux que le comte de Romagne et les autres nobles donnaient dans leurs palais ou leurs villas.

Il était devenu sombre, rêveur, taciturne, et quittait la ville désolée pour aller soupirer et gémir dans quelque solitude, sous les ruines ou près des tombeaux.

Le souvenir de Blanche lui arrachait des larmes.

Constamment, dans la veille comme les songes, il voyait apparaître cette douce image.

Un jour, en suivant le chemin sur lequel il marchait, quelques semaines auparavant, à la tête de quarante hommes, pour aller au-devant de la fille de Rienzi, Conrad retrouva l'endroit où il avait fait la rencontre de Blanche.

Il poussa jusqu'à la maison solitaire, au seuil de laquelle la jeune fille lui avait adressé des paroles si dures.

Sans doute elle s'est reproché ces paroles, après avoir lu son billet ; mais qu'a-t-elle dû penser de sa façon d'agir, comment doit-elle juger son cœur ? Si elle ne peut comprendre le mystère de sa fuite, si elle l'accuse d'ingratitude, au moins il espère qu'elle garde le souvenir de leur amour et des instants heureux passés au cloître d'Avignon, tandis qu'en révélant un secret fatal il eût excité sa haine à tout jamais et sans retour.

— Elle était là, se dit le jeune homme, en s'arrêtant au seuil de l'auberge ; c'est là que je l'ai revue, toujours belle, toujours pure comme un ange descendu des cieux. Et maintenant où peut-elle être ? Fugitive, errante, elle accompagne son père. Je ne la reverrai plus.

Il entra dans la maison.

A mesure qu'il avançait, son œil devenait humide, son cœur battait avec force ; il lui semblait que tous ces murs, que toutes ces pauvres chambres avaient conservé quelque chose de Blanche. Parfois l'illusion la lui faisait entrevoir au fond d'un corridor obscur. Il y courait, à moitié fou, poursuivant un fantôme et sachant qu'il n'embrasserait qu'une ombre.

Tout à coup il s'arrête.

Une exclamation de surprise et d'ivresse, un cri perçant s'échappa de sa poitrine.

Le fantôme est une réalité, l'ombre a pris un corps...

C'est Blanche, c'est bien elle qu'il vient d'atteindre ; c'est sa main qu'il approche de ses lèvres, c'est sa voix qui frappe son oreille.

— O Conrad, vous revenez enfin ! Pourquoi ne vous ai-je pas vu plus tôt, pourquoi m'avoir causé tant de peine?... Ingrat! Voici quinze jours que je vous attends, quinze mortels jours! Je comptais les minutes et les heures.

Le jeune homme venait de tomber à genoux, les mains jointes, le sein palpitant.

— Blanche! s'écria-t-il, Blanche!... O mon Dieu, ne me laissez pas mourir de joie!... Parle, ma bien-aimée, pour me convaincre que tu es là, devant mes yeux, que c'est ta main dont le frémissement agite la mienne... parle! que je t'entende encore, toujours!

— Relevez-vous, dit la jeune fille.

Elle le conduisit dans le jardin de l'auberge, sous un berceau de pampre, et le fit asseoir à ses côtés.

— Conrad, lui dit-elle, mon père et moi nous vous devons le salut.

— Votre père!... est-il donc ici, Blanche?

— Non, mon ami, et je le regrette, car j'aurais été heureuse de vous présenter l'un à l'autre.

— Jamais!... oh! non, je ne veux plus me trouver en sa présence.

— Vous m'effrayez, Conrad....

— N'avez-vous donc pas reçu la lettre où je vous disais que nous devions être à jamais désunis?

— Mon Dieu! s'écria la jeune fille, en levant au ciel sa paupière chargée de pleurs, il ne m'a pas encore pardonné.

12.

— Blanche!... oh! je t'en conjure par ce que tu as de plus cher, laisse-moi partir.

— Non, reprit-elle, essuyant ses larmes et se rapprochant du jeune homme qui frissonnait sous son regard, écoutez-moi, Conrad. J'avoue mes torts et je vous demande grâce. Oui, j'ai été faible, et cette faiblesse était une offense. Quand l'homme auquel mon père avait promis ma main s'est présenté devant nous à Avignon, j'ai cédé à un sentiment de crainte, au lieu de convenir hautement de notre amour et de n'accepter pour protecteur que celui à qui j'avais donné ma foi.

— Taisez-vous, Blanche!... pitié!... Sans le savoir vous redoublez mes regrets, vous me déchirez l'âme.

— Je me suis repentie de ma faute, Conrad; j'ai versé bien des larmes à la pensée de vous avoir déplu. Mais je vous le jure ici par tout ce qu'il y a de plus sacré là-haut et sur la terre, jamais je n'ai eu l'intention d'être parjure. Oh! vous me croyez, n'est-ce pas, Conrad!... Pardonnez-moi! pardonnez-moi!

L'erreur de la jeune fille jetait le malheureux amant dans un trouble extrême.

Il avait à soutenir un combat terrible avec sa conscience.

Doit-il détromper Blanche et lui expliquer le véritable sens de la lettre, ou va-t-il accepter ce bienheureux hasard qui le réunit à celle qu'il aime et promet de lui rendre les jours de délices passés à Avignon ?

Se taire lui semblait odieux ; mais parler n'était-ce pas briser son bonheur ?

Il resta muet et sombre, sans regarder la fille du tribun, qui reprit avec angoisse :

— Ainsi, Conrad, vous me refusez le pardon. J'ai perdu tous mes droits sur votre cœur ; ma justification ne vous touche pas, et chez vous l'amour n'est point assez généreux pour oublier un tort, dont l'excuse est dans ma nature de femme. Les premiers mots que vous avez prononcés me laissaient croire que vous m'aimiez encore. Je me trompais, hélas ! Le souvenir vous est revenu trop vite, et je vous trouve inflexible.

Il leva sur elle des yeux égarés.

— Votre père, Blanche.... Où est votre père ? demanda-t-il brusquement.

— Le lendemain du jour où vous l'avez sauvé, Conrad, il est parti pour Prague, afin d'aller demander du secours à l'empereur.

— Et votre fiancé l'accompagne ?

— Ne donnez plus à Alighieri ce titre de fiancé. Pour moi il sera toujours un ami, un frère ; mais je ne l'aime pas d'amour..

— O mon Dieu ! j'avais tort, quand je vous demandais de ne pas mourir ! dit le jeune homme, tombant à genoux et fondant en pleurs.

— Conrad, pourquoi ce désespoir, je ne comprends

rien à vos larmes... Conrad ! je vous affirme que mon cœur vous est resté fidèle. Me ferez-vous l'injure de ne pas croire à mes paroles? Vous êtes parti si brusquement d'Avignon : pourquoi n'avoir pas attendu la fin de mon trouble ? je me serais expliquée devant Paul et devant vous. Mon père lui-même connaît aujourd'hui le choix de mon cœur ; il ne m'a point fait de reproches. — « Je regrette, m'a-t-il dit à son départ, que mes projets soient détruits, mais Dieu me préserve de tyranniser tes affections. Le chevalier de Sainte-Croix me semble un homme d'honneur et de courage : nous en causerons à mon retour. »

A mesure que la jeune fille parlait, Conrad relevait la tête ; au désespoir qui siégeait sur son front succédait une joie radieuse, un enivrement céleste.

Pour Blanche et pour le tribun il n'est pas le fils de Montréal, il est le chevalier de Sainte-Croix.

— Qui donc le force à les désabuser ? quel intérêt si puissant l'oblige à déchirer ce voile heureux, à la faveur duquel il abrite son secret? Si Montréal a contribué à la chute de Rienzi, est-il responsable, lui, Conrad, des actes de son père? a-t-il approuvé son inimitié ? non : pourquoi donc en supporterait-il les conséquences ?

Toutes ces réflexions lui traversèrent l'esprit en beaucoup moins de temps que nous n'en mettons à les reproduire.

Il s'était rapproché de son amante, il prenait ses mains et les couvrait d'ardents baisers.

— Vous me pardonnez donc à présent, Conrad? lui demanda-t-elle, avec le plus tendre accent d'amour.

— Oh! oui, j'étais insensé! je me créais des fantômes, je détruisais sottement mon bonheur.

— Et vous viendrez souvent me rendre visite?

— Tous les jours, Blanche.

— Nous ne parlerons plus du passé?

— Je te le jure ; le présent sera tout pour moi. Te voir, t'entendre, m'enivrer de tes regards, te répéter que je t'aime, voilà quelle sera désormais l'occupation de ma vie.

La fille du tribun pleurait alors des larmes de joie.

Une ineffable extase lui remplissait l'âme : elle se sentait ardemment et saintement aimée.

A partir de ce jour, l'existence de Conrad fut une longue suite d'enivrements et de délices. Il oubliait ses inquiétudes, il faisait taire sa conscience, il jouissait du présent sans vouloir jeter les yeux du côté de l'avenir.

Chaque matin, au point du jour, il quittait Rome, monté sur une cavale arabe qui dévorait l'espace.

En moins d'une heure, il mettait pied à terre à la porte de l'auberge. Giacomo se trouvait là, prenait en main la bride du cheval, et Conrad s'élançait sous les pampres du jardin, où l'attendait sa bien-aimée.

Les semaines et les mois s'écoulèrent. On ne recevait aucune lettre du tribun.

Blanche témoignait parfois à son amant une inquiétude, que celui-ci s'empressait de calmer. Rienzi, disait-il, ne pouvait envoyer aucun message, attendu que ses ennemis réussiraient à l'intercepter peut-être, et que la retraite de sa fille devait rester pour eux un mystère.

Arriva le jour où l'on eut connaissance à Rome de l'arrestation du tribun et de sa captivité dans la première ville de l'empire ; mais, outre qu'il eût été cruel d'annoncer à la jeune fille ces tristes détails, Conrad était trop heureux pour ne pas tomber dans l'égoïsme de l'amour et permettre à Blanche d'employer à des préoccupations navrantes les heures délicieuses qu'elle lui accordait.

Un an, dix-huit mois s'écoulèrent.

Fidèle à ses visites quotidiennes à la maison de la route d'Ostie, Conrad finit par ignorer complètement ce qui se passait à Rome.

Il partait avant l'aurore et ne rentrait que fort avant dans la nuit, invoquant sa qualité de fils du gouverneur pour se faire ouvrir les portes de la ville, et restant quelquefois plusieurs semaines sans voir Montréal, qui semblait, du reste, ne pas s'inquiéter de ses perpétuelles absences.

Colonne avait dit au capitaine :

— Laissez agir votre fils, ne contrôlez pas sa conduite. Je sais où il va, je sais quelles relations il noue. Si le lion se déchaîne un jour, Conrad le muselera mieux que personne. Fermez les yeux, et fiez-vous à la sagesse de ma politique.

Montréal ne répliqua rien à ce discours du comte. Il laissa au jeune homme la plus entière liberté.

Un matin, en sortant du palais, Conrad remarqua dans la ville un mouvement extraordinaire. Des postes nombreux étaient établis aux angles des carrefours : des hommes armés stationnaient à chaque coin de rue. Tous les habitants, bourgeois, ouvriers, gens du peuple, s'étaient levés beaucoup plus tôt que de coutume et formaient çà et là des groupes alarmants.

Rome avait un aspect analogue à celui qu'elle présentait le jour de la chute du tribun.

Mais la foule n'était plus animée des mêmes sentiments : un esprit de réaction contre leur despotisme éclatait sans la moindre réserve. On ne criait plus : « A bas Rienzi ! » On criait : « A bas Colonne ! à bas Montréal ! plus de vol et plus de pillage ! »

Conrad frémit, en pensant que son père était menacé de la vengeance du peuple.

Il essaya de rebrousser chemin et de retourner au palais du gouverneur, mais une foule compacte lui ferma le passage. Les cris séditieux retentissaient de plus belle, et bientôt on entendit sonner le tocsin à toutes les églises.

Non loin de là se trouvait cette même hôtellerie du Corso, où jadis il était descendu lors de son arrivée à Rome. Il y conduisit son cheval, et revint se mêler à la foule, qu'il interrogea sur la cause du mouvement.

— Quoi! lui dirent ceux auxquels il s'adressait, l'ignorez-vous donc?

— Je n'ai pas la moindre idée de ce que ce peut être.

— Alors vous êtes étranger.

— Non, j'habite Rome.

— Et vous ne savez pas que Rienzi nous revient?

—Rienzi! s'écria Conrad avec stupeur.

— Oui, notre grand tribun, que nous avons eu la lâcheté d'abandonner autrefois, mais que nous soutiendrons aujourd'hui jusqu'à la mort. Son règne du moins était celui des lois et de la liberté. Plus de nobles, plus de rapines, plus de concussions!...

— Mais, demanda Conrad palpitant, où donc est Rienzi?

— Aux portes de la ville, à la tête de quarante mille hommes. Le légat du pape est allé à sa rencontre.

On quadruplait le nombre des troupes données à Rienzi par Innocent VI ; mais, à toutes les époques, l'exagération a été un des privilèges de l'émeute, et la Renommée, ces jours-là, compte plus de cent voix et plus de cent trompettes à son service pour répandre l'erreur et propager le mensonge.

La foule s'entassait de plus en plus dans les carrefours ; le tocsin continuait d'appeler le peuple aux armes.

Après avoir franchi les Alpes, le tribun s'était porté sur Rome avec une diligence extraordinaire.

Un courrier, galopant nuit et jour, ne l'avait devancé que de treize heures, et ce court espace de temps avait suffi au légat pour préparer la population romaine à recevoir avec allégresse dans ses murs celui qu'elle en avait ignominieusement expulsé.

Pris à leur tour à l'improviste, les nobles se trouvèrent sans défense.

Déjà le plus grand nombre étaient en fuite ou cherchaient des mesures pour se dérober à la vengeance de Rienzi.

Une espèce de délire envahissait le cerveau de Conrad.

Il avait peine à croire ce qu'il entendait, ce qu'il voyait. L'instinct de l'honneur et du devoir le portait à rejoindre Montréal ; mais un sentiment non moins impérieux lui ôtait la force de résister aux vagues turbulentes de la multitude qui l'entraînait avec elle au-devant du tribun.

Tout à coup ce torrent populaire reflua sur lui-même ; une clameur immense se fit entendre et domina le bruit du tocsin.

— Rienzi ! Rienzi ! cria-t-on de toutes parts.

Un nouveau mouvement s'opéra.

Le peuple se rangea respectueusement sur deux lignes, et Conrad vit paraître le tribun, assis aux côtés du légat dans un char découvert traîné par six chevaux blancs.

Jamais triomphateur de l'ancienne Rome n'entendit sur son passage des acclamations plus enthousiastes. A toutes les fenêtres on agitait des bannières ; de tous les balcons on jetait à Rienzi des fleurs et des couronnes.

Soudain le fils de Montréal poussa un cri d'ivresse : il venait d'apercevoir Blanche assise vis-à-vis du tribun dans le char triomphal.

Mais au moment où il allait se précipiter vers elle et se faire reconnaître, il sentit un bras nerveux se cramponner à son bras.

Une force supérieure à la sienne le cloua sur place.

— Où vas-tu ? lui dit une voix sinistre.

Le jeune homme se retourna frémissant. Il vit à ses côtés le comte de Romagne, dont l'œil dur et sombre parut vouloir le sonder jusqu'au fond du cœur.

— Conrad de Montréal, ajouta Colonne, ton père est proscrit : vas-tu donc abandonner ton père ?

XIII

LA VILLA FARNÈSE

Sans lui laisser le temps de répondre, il l'entraîna vivement hors de la foule, traversa quelques ruelles étroites et solitaires, gagna le bord du Tibre et en remonta le cours jusqu'aux remparts. Il franchit avec le jeune homme une de ces espèces de poternes, pratiquées dans le mur d'enceinte, de chaque côté du fleuve, et qui servent de déversoirs aux inondations.

Colonne tenait à sortir de la ville sans être interrogé par qui que ce fût.

Quant au fils de Montréal, il se trouvait dans un état d'agitation facile à comprendre. Le retour imprévu de Rienzi, cette rentrée à Rome, aux acclamations du même peuple qui jadis poursuivait le tribun de ses cris de mort, avait quelque chose de miraculeux et de foudroyant.

Conrad se palpait afin d'acquérir la certitude qu'il n'était pas sous l'empire d'une hallucination.

De temps à autre, il avait besoin de regarder la sombre physionomie du comte, pour bien se convaincre que la puissance de cet homme était brisée, et que l'ancien maître de Rome allait de nouveau commander dans ses murs. Du lieu où ils étaient alors, on entendait les bravos du peuple et les éclatantes manifestations du triomphe.

C'était bien Rienzi qu'il avait vu dans le char.

Mais surtout c'était bien la fille du tribun, c'était Blanche elle-même, vers laquelle il allait se précipiter dans un mouvement de délire, quand la voix du comte arrêta ce transport et lui fit comprendre que sa dernière heure de joie venait de sonner.

Il faut le dire à la louange du jeune homme, si les élans irréfléchis de son amour l'avaient conduit au bord d'un abîme, il s'en retira tout aussi vite, quand il en eut envisagé la profondeur, et lutta victorieusement contre le vertige qui l'entraînait. Le cri du devoir se fit entendre au fond de sa conscience ; il sentit que sa place était auprès de Montréal, et non point aux côtés de la fille du tribun.

Ainsi donc ce noble et pur amour, auquel il n'a résisté d'abord que pour s'y abandonner ensuite avec plus de charme, il va falloir décidément l'arracher de son cœur.

L'image de Blanche doit être repoussée par lui comme une image fatale et maudite.

Tous ses rêves sont détruits, un souffle renverse toutes ses espérances. Du ciel il retombe aux enfers, brusquement, sans transition, comme y fut précipité Satan, le jour où le bras de l'Éternel brisa son trône d'archange.

— Où me conduisez-vous ? avait-il demandé à son guide, en le voyant prendre une autre direction que celle du palais du gouverneur et se mettre en devoir de sortir de Rome.

— Suis-moi toujours, répondit Colonne.

— Et mon père ?

— Nous allons le rejoindre.

— Il est donc en sûreté ?

Le comte le regarda sévèrement.

— Si le fils de Montréal, répliqua-t-il, avait vécu, tous ces derniers temps, comme il devait vivre ; s'il n'avait pas pris l'habitude de sortir trop matin de chez son père, et d'y rentrer à une heure beaucoup trop avancée pour être à même de lui offrir ses devoirs, il saurait que le gouverneur n'est pas à Rome.

Conrad tressaillit.

L'accent ironique du haut baron et le coup d'œil qu'il lui lançait par-dessous le large feutre abaissé sur son visage, prouvaient clairement que le secret des visites à l'auberge ne lui était pas inconnu.

— Mais alors où est-il ? demanda le jeune homme.

— Pour l'instant, répondit le comte, les pères ne se montrent pas plus sages que leurs fils. Montréal est à une lieue d'ici, avec Orsino, Farnèse et vingt autres, dans une villa délicieuse, où ils rient, chantent, boivent, caressent des courtisanes et se plongent dans les délices de Capoue. Les insensés ! ils ne savaient pas Annibal à nos portes ; ils ne se doutent guère qu'à cette heure il pénètre dans nos murs.

— Et vous, comte, n'étiez-vous donc point instruit de l'approche du tribun ?

— Non, par l'enfer !... Seulement, j'avais un pressentiment, une crainte : le légat me faisait des caresses inexplicables ; son sourire était doux et bénin, sa voix mielleuse ; j'aspirais çà et là des bouffées d'hypocrisie et de trahison qui me donnaient de l'inquiétude, et j'avais supplié les nôtres de ne pas partir ; mais ils se sont montrés sourds à mes instances, et je me suis vu seul, — seul pour conjurer la foudre qui vient d'éclater sur Rome. Ah ! Rienzi, nous jouons à nous deux une partie dont la fin sera terrible ! Puisqu'il le faut encore, je vais jeter dans cette partie ma tête comme enjeu... mais gare à la tienne !

Colonne serrait les poings avec rage et sa bouche écumait.

Bientôt néanmoins il domina sa colère. Son

calme ironique revint ; il jeta sur Conrad un regard
scrutateur.

— Tu as pâli, jeune homme ? lui dit-il : involon-
tairement tu portes de l'intérêt à ce Brutus maudit,
qui va recommencer son rêve absurde de république
et de liberté. Prends garde ! Tous les dangers que
tu courais autrefois vont renaître, et ton amour te
jette sur une pente fatale à l'honneur.

— Comte, rassurez-vous : j'aurai l'âme brisée ;
mais je sais trop où est ma place pour le mettre
jamais en oubli.

— Fort bien. D'ailleurs, que t'importent nos
querelles politiques ? Laisse-nous le père, nous te
laisserons la fille.

— Qu'osez-vous dire ?

— Je dis, pardieu, que tu seras libre, quand nous
nous serons entendus, toutefois, de revoir et de
courtiser Blanche.

— Moi ! il serait possible...

— Ah çà ! d'où vient ta surprise ? M'as-tu jamais
supposé l'intention de t'enlever ta maîtresse, et rien
dans ma conduite a-t-il pu te le laisser croire ? Si tu
l'a sauvée jadis, qui t'en a fourni le moyen ? Je n'ai
pas mis obstacle à tes joies, ce me semble ; je n'ai
pas troublé ton bonheur. La prudence voulait que
je m'emparasse de cette jeune fille et que je la re-
tinsse en otage : nous nous en trouverions mieux à
l'heure présente, et sa vie nous répondrait de la
nôtre. Au lieu de cela qu'ai-je fait ? sachant que tu

la visitais dans sa retraite, j'ai fermé les yeux et j'ai défendu qu'on inquiétât vos amours.

— Quoi ! vous étiez instruit !...

— Ça, voyons, jeune homme, interrompit le comte, pour qui me prends-tu, pour un politique vulgaire? pour un niais à l'oreille duquel on souffle des sornettes, et qu'on mène droit dans un panneau, comme nous y avons mené, comme nous y mènerons encore ce Rienzi?... Tu verras ! tu verras !... Je connaissais donc tes promenades quotidiennes sur la route d'Ostie et tes longs séjours à l'auberge. Si tout à l'heure je t'ai empêché de te précipiter vers la fille du tribun, c'était, je le répète, parce que nous avons à nous entendre d'abord.

— Nous entendre ?... Je ne vous comprends pas, murmura Conrad avec stupeur.

— Je vais donc éclairer la question. Il est très bien d'être amoureux, — je n'y mets point obstacle, au contraire, puisque tu as pleine autorisation de ma part ; — mais tu dois en même temps t'occuper de l'auteur de tes jours, et tu voudras bien aussi songer un peu à nous. A cette condition, tu seras libre d'adorer Blanche, et je t'expliquerai bientôt ce que nous attendons de toi.

Le fils de Montréal écoutait, sans revenir de son étonnement profond.

Cette tranquillité du comte, succédant tout à coup à l'irritation la plus vive, et jointe aux discours qu'il lui tenait alors, lui semblait quelque chose d'étrange, d'inouï, de fantastique ; il n'avait plus l'intelligence de la vie de ce monde et cheminait de surprise en surprise dans des régions inconnues, aux accidents heurtés, aux horizons impossibles.

Est-ce lui qui jusqu'à ce jour a conçu des craintes ridicules, est-ce lui dont l'imagination s'égare et se forge des chimères ? Peut-on concilier la politique de Montréal et ses attaques contre Rienzi avec les relations de cœur et les épanchements intimes qui existent entre Blanche et Conrad ; l'inimitié des pères avec l'amour des enfants ?

Ce qui semblait monstrueux au jeune homme devient donc possible.

Des amants peuvent s'isoler pendant la discorde et s'embrasser au milieu de la lutte, en attendant que ceux qui les entourent soient d'accord, et qu'un traité de paix réunisse les parties belligérantes.

Il s'habitua peu à peu à la singularité de cette opinion.

Le cœur adopte aisément les sophismes qui encouragent sa faiblesse et qui excitent ses joies, au lieu de les paralyser.

Peut-être vaut-il mieux, en effet, qu'il reste entre les ennemis un point de rapprochement, un lien mystérieux, que sans doute ils voudraient rompre, s'ils en soupçonnaient l'existence, mais qu'on prendra soin de leur dérober pour les réunir plus sûrement un jour.

13.

Déjà Conrad voyait son père dans les bras du tribun. Tout s'arrangeait; la guerre avait un terme; la loyauté pactisait avec le désordre, l'organisation avec le pillage. Il menait à l'autel sa charmante fiancée, et le comte de Romagne applaudissait à son bonheur.

Ce fut en se livrant à ces illusions exagérées que le naïf jeune homme atteignit avec son guide la maison de campagne, où Montréal et une troupe de nobles se livraient aux joies de l'orgie.

Tous ces imprudents convives ne se doutaient guère qu'ils étaient en train de perdre, l'un son titre de gouverneur, les autres leur fortune, si dignement acquise, et dont ils faisaient un si bel usage.

La villa dans laquelle entrèrent Colonne et l'amant de Blanche était la propriété de Farnèse, voluptueuse demeure aux jardins garnis de bosquets ombreux, peuplés de blanches statues et tout murmurant d'eaux jaillissantes.

Sous les colonnes de marbre du portique, ils entendirent des cris tumultueux, des exclamations folles et des chants d'ivresse.

Ils surprenaient les hôtes de Farnèse au milieu d'un festin.

Colonne s'arrêta devant une portière brochée d'or et de soie, qu'il suffisait de soulever pour entrer dans la salle où se tenaient les convives.

Un amer sourire contracta ses lèvres.

Il fit signe à Conrad de ne pas dire un mot, de ne pas laisser échapper un geste. Le comte Orsino chantait, en s'accompagnant du luth, et le couplet suivant fut couvert d'applaudissements unanimes :

> O Rome, ne sois pas si fière :
> Et pourquoi donc ? nous diras-tu.
> Des siècles la lourde poussière
> Couvre ta gloire et ta vertu.
> Vite, un ajustement profane ;
> Allons, debout, ma courtisane !
> Foin de tes antiques lauriers !...
> Ou je prends, sans que tu les offres,
> Ton or, tes bijoux pour mes coffres
> Et tes filles pour mes baisers.

— Bravo ! cria Farnèse. Remplissons nos coupes. C'est du vin mûri sur le Vésuve, aux pentes les plus rapprochées de la lave, Messeigneurs. Buvons ! et que le diable, à qui nous avons affaire plutôt qu'à Dieu, nous conserve de longs jours.

Un éclat de rire universel accueillit ce toast impie.

— Eh bien, Montréal, reprit Farnèse, es-tu content de mon hospitalité ? Ne sommes-nous pas de joyeux compagnons ? Regrettes-tu de n'avoir point ramené le pape à Rome, le pape qui t'eût fait corner des psaumes à l'oreille, au lieu de nos refrains bachiques et de nos chants d'amour ?

— J'ai fait mon devoir, répondit Montréal, et je n'ai pas trahi : peu m'importe le reste.

— Tu n'as pas trahi, non ; mais aux yeux du pape c'est absolument comme si tu avais déserté sa cause. Ne tombe jamais entre ses mains, ou gare à la hache ! Envers et contre tous il faut que tu sois des nôtres.

— Envers et contre tous, j'en fais le serment, dit Montréal animé par l'ivresse. A boire !

Farnèse lui remplit sa coupe jusqu'aux bords.

— Vous entendez, Messeigneurs ? cria-t-il. Nous avons un cerveau pour la politique, c'est Colonne ; une épée pour le combat, c'est Montréal. Qu'avons-nous à craindre ? Narguons les papes et les tribuns, continuons à n'avoir d'autres maîtres que nous-mêmes ; les choses n'en vont que mieux au gré de nos caprices. L'Italie nous donnera toujours des femmes et du vin. Que Satan confonde tout ce qui n'est pas l'ivresse et tout ce qui n'est pas l'amour.

— Farnèse a raison, crièrent les autres.

— Vive Farnèse !

— A nous les festins, les plaisirs, la volupté, une orgie éternelle...

En ce moment, la portière s'écarta avec violence. Colonne parut et leur cria d'une voix de tonnerre :

— A vous la mort, à vous la proscription, à vous la ruine !... Insensés ! qui vous livrez à la débauche, pendant que l'ennemi vous menace et tient le glaive suspendu sur vos fronts !

— Que veux-tu dire ? demanda Farnèse pâlissant.

— Rienzi est à Rome, poursuivit le comte, accentuant chaque mot, et frémissant lui-même à l'effet produit par cette révélation.

Tout le monde se leva.

Les coupes tombèrent des mains ; l'épouvante et le saisissement envahirent les cœurs.

— Rienzi !... c'est impossible... Aux armes !

— Oui, aux armes, dit Colonne avec dédain : vous voilà bien tous, fanfarons de courage ! Aux armes, pour reconquérir ce que vous n'avez pas su conserver, n'est-ce pas ? Et où donc en prendrez-vous des armes ? où sont vos troupes ? où sont vos moyens d'attaque ? J'avais supplié chacun de vous de ne pas quitter Rome, et chacun de vous a été sourd à ma voix ; ni les uns ni les autres vous n'avez senti qu'il y avait dans l'air un orage et que cet orage allait éclater.

— Malheur !... mais il faut pourtant nous défendre !

— Vous êtes tous perdus, si vous n'écoutez pas mes conseils et si vous refusez de vous montrer dociles à mes recommandations.

— Parle !

— Compte sur notre déférence, dit Orsino.

— Ainsi vous jurez de m'obéir ?

— Nous le jurons.

— Eh bien ! rappelez-vous notre premier succès, réfléchissez aux moyens que nous avons employés pour l'obtenir. Vous n'avez point d'armes, vous manquez de soldats : la ruse ! la ruse et les menées souterraines ! Un ennemi que nous croyions mort reparaît, toutes nos prévisions sont renversées par un fait brutal qui nous trouve sans défense : cachons-nous et disparaissons dans l'ombre. Qu'on donne de l'or à Montréal, il gagnera les Abruzzes et s'efforcera de rappeler à lui ses bandes dispersées. D'ici à ce qu'il puisse former un corps de troupes, nous rentrerons à Rome sous divers déguisements ; nous creuserons sous les pas du tribun de nouveaux pièges. Le peuple est une cire molle, toujours maniable et prête à subir toutes les influences ; aujourd'hui le vent du caprice le tourne vers Rienzi, demain il le tournera vers nous.

— Tu as raison, crièrent les nobles : à l'œuvre !

— Jadis, reprit le comte, je dirigeais à mon gré l'esprit du tribun ; mais, après ce qui a eu lieu, Dom Antonio lui sera suspect. D'autres ressorts à présent doivent agir, il faut songer à d'autres manœuvres. L'essentiel est de connaître les plans de l'ennemi, ses projets contre nous, afin de nous tenir en garde et de ne pas être écrasés à l'improviste. Or, de ce côté-là, je suis en mesure : un jeune homme plein de délicatesse et d'honneur, qui me doit de la reconnaissance, et sur lequel je puis compter comme sur moi-même, ira s'installer dès ce soir auprès de Rienzi ; nous serons de la sorte toujours éclairés sur nos périls.

Le comte, à ces mots, regarda le fils de Montréal. Celui-ci frissonnait jusqu'au fond de l'âme.

Il s'approcha vivement.

— Parle bas ! lui dit le haut baron.

— Moi ?... c'est en moi que tu espères ? murmura Conrad avec un accent d'horreur ; tu me juges assez lâche pour descendre au rôle d'espion !

— Silence, dit Colonne. Je ne t'ai pas nommé, pourquoi te trahir ? Nous discuterons entre nous, sans témoins, les propositions que j'ai à te faire. Je n'ordonne rien, je m'impose rien ; le refus te sera toujours permis.

Il se retourna vers les seigneurs.

— Ainsi donc, reprit-il à haute voix, toutes nos conventions sont bien arrêtées. Ne restons pas plus longtemps ensemble ; on peut d'un instant à l'autre envahir cette villa. Que Montréal parte d'abord. C'est sur lui que reposent nos plus solides espérances, et j'aurai soin de lui faire transmettre dans les Abruzzes les deniers que nous allons réunir. Dispersons-nous ensuite chacun de notre côté ; sauvons comme nous pourrons notre tête, et rassemblons-nous mystérieusement tous les soirs aux catacombes.

— Aux catacombes, c'est convenu, diront tous les nobles, qui vinrent lui serrer la main.

Ils s'éclipsèrent ensuite par les issues de la villa.

— Mon père, ô mon père ! dit Conrad, qui s'était précipité vers Montréal, au moment où celui-ci allait disparaître à son tour, que de calamités se préparent !

— Je n'y puis rien, répondit le capitaine. Tout à l'heure encore je leur ai fait un nouveau serment. Le destin a tracé ma route, je dois la suivre.

Colonne survint et les sépara.

— Votre fils reste avec moi, dit-il : me donnez-vous sur lui l'autorité que vous avez le droit de transmettre ?

— Je vous la donne, seigneur comte.

— Un instant, mon père : avant tout une explication est urgente.

— Non, Conrad ; au revoir. Les minutes sont précieuses. Nous nous retrouverons aux catacombes, où je viendrai de temps à autre faire un rapport de mes enrôlements.

Montréal disparut.

Le jeune homme resta seul avec le chef de la nouvelle conjuration.

— Viens, lui dit Colonne ; cette villa ne tardera pas à être envahie par les limiers que le tribun s'est hâté sans doute de mettre à notre recherche. Après avoir pourvu à la sûreté des autres, songeons à notre propre sûreté, — ou plutôt à la mienne, car tu ne cours aucun risque. Tu es le seul d'entre nous que Rienzi accueillera sans soupçon.

— Je le sais, comte ; et voilà pourquoi vous ne devez espérer de ma part aucune complicité dans vos projets.

— Conrad de Montréal, vous êtes une tête folle, et vous oubliez trop vite ce qu'on a fait pour vous. La reconnaissance est pourtant le signe caractéristique des grandes âmes. Votre père, vous venez de l'entendre, m'a transmis toute son autorité. S'il connaissait le fond de votre âme comme je le connais pensez-vous qu'il vous permît d'aller au Vatican voir la fille du tribun et lui parler d'amour ?

— Je n'irai pas, dit Conrad.

— Vous mentez.

— Seigneur comte, cria le jeune homme, je ne suis pas d'humeur, sachez-le bien, à supporter une offense !...

— Vous mentez, vous dis-je ! vous vous mentez à vous-même et vous mentez à Dieu. Oh ! ne tourmentez pas ainsi votre dague dans le fourreau ! ma mort n'éteindrait pas votre passion pour Blanche. Retenez bien ceci, Conrad : moi vivant, vous serez moins coupable ; je vous empêcherai d'oublier votre père, en vous rappelant sans cesse que votre devoir est de le préserver de la haine de ses ennemis. Le monde est ainsi fait, que souvent le bien découle du mal. Grâce à vos fréquentes absences, on ne vous connaît pas à Rome. Rienzi, d'ailleurs, est entouré de nouveaux visages et, lors de la visite que vous lui avez faite jadis, vous vous êtes donné le nom du chevalier de Sainte-Croix. Il vous recevra sous le même titre, il gardera son erreur.

Le jeune homme s'arrêta et prit sa tête à deux mains : il crut qu'elle allait éclater.

— Au Vatican, poursuivit Colonne, vous retrouverez Blanche ; vous serez admis dans l'intimité du tribun. Lorsqu'un péril menacera Montréal, vous lui en donnerez nécessairement avis, et comme ce péril ne peut manquer de nous être commun avec votre père, vous nous sauverez en le sauvant lui-même.

— O mon Dieu ! mon Dieu ! dit Conrad, qui poussa un cri d'angoisse.

Ils étaient sortis de la villa et se retrouvaient sur le chemin de Rome.

— Je ne vous demande ni de combattre Rienzi, ajouta le comte, ni de vous associer à nos efforts. Me croyez-vous le projet de vous mettre entre les mains un poignard, en vous ordonnant de frapper le père de votre fiancée ?

— Vous êtes un démon !

— Enfant ! dit Colonne, et il éclata de rire.

— Satan vous a jeté sur ma route pour me tenter et pour me perdre.

— Mon jeune ami, Satan se mêle beaucoup moins qu'on ne veut bien le dire des affaires des hommes, et je puis vous certifier qu'il ne m'a jamais entretenu des vôtres. C'est bien plutôt votre bon ange qui m'inspire et vous dicte des conseils par ma bouche.

— Taisez-vous, taisez-vous !

— Allons, soit ; je ne dis plus un mot. Prenez seulement la peine de réfléchir, — et quand vous aurez tout mûri, tout pesé, je vous défends de vous écarter d'une ligne de la règle de conduite que je vous trace, à moins de perdre en un jour toute piété filiale et tout sentiment d'honneur.

En quittant la villa, Colonne s'était fait suivre d'un domestique, lequel marchait par derrière, à quelque distance, tenant par la bride un cheval sellé.

D'un bond, le comte s'élança sur le dos de la monture et dit au jeune homme :

L'entrée des catacombes est au bas de l'une des tours de l'église Saint-Sébastien. Au revoir !

Il piqua des deux et partit au galop.

Conrad éperdu tomba sur un tertre de la route.

XIV

RÉUNION

Le malheureux amant de Blanche resta jusqu'au soir, avant de sortir de l'état pénible où l'avaient plongé les discours du haut baron romain.

Quand il put calmer son trouble et lier deux idées ensemble, il se demanda où il devait aller, ce qu'il fallait faire. Il lui semblait entendre encore la voix du comte retentir à ses oreilles comme la voix de l'ange maudit.

« Réfléchissez, venait-il de dire au jeune homme, et je vous défends de vous écarter d'une ligne de la règle de conduite que je vous trace. »

— Par le ciel, je le ferai mentir? s'écria Conrad; il est impossible qu'il me force à accepter la honte. J'ai deviné le véritable sens de ses paroles et, malgré le déguisement dont il entoure sa pensée, je devine que c'est au rôle d'espion qu'il veut m'astreindre. Opprobre et dégoût ! cet homme me croit donc bien lâche ! il a donc bien compté sur mon fatal amour, puisqu'il me juge capable de lui sacrifier jusqu'à ma conscience ! Non ! non ! jamais il ne sera dit que Conrad de Montréal s'est écarté du droit chemin ; mon seul tort est de n'avoir pas tout avoué à mon père. Il saura que j'aime la fille du tribun, — depuis longtemps il devrait le savoir. C'est malgré lui, c'est à contre-cœur qu'il se dispose à recommencer la guerre. Qu'il fasse la paix avec Rienzi et tout est sauvé. Rejoignons-le dans les Abruzzes.

Une fois cette résolution prise, Conrad se sentit le cœur plus calme.

Il rentra d'abord un instant à Rome, où il avait laissé son cheval, mais avec l'intention formelle de ne s'y arrêter que le temps nécessaire et de partir au plus vite.

La nuit commençait à descendre.

Il ne s'aperçut pas que deux individus, enveloppés de longs manteaux de couleur sombre, le suivaient à peu de distance.

On a déjà pu voir que le comte de Romagne était d'une habileté terrible. Pour arriver à dominer les hommes, il les avait profondément étudiés et lisait dans leur âme comme sur une page ouverte. Ses raisonnements à Conrad n'ayant pas produit toute l'impression qu'il semblait en espérer, il devina d'avance les pensées intimes du jeune homme et le parti auquel ses réflexions allaient le conduire.

Mais cela ne faisait plus le compte du conspirateur ; il résolut de prendre des mesures immédiates pour empêcher le fils d'aller rejoindre le père.

En conséquence, après avoir fait un temps de galop et tourné un monticule qui le dérobait aux yeux de Conrad, il descendit, donna son cheval à tenir au valet qui l'avait suivi au pas de course, traça rapidement quelques lignes sur une feuille de ses tablettes, relut ce qu'il venait d'écrire avec un air de satisfaction, plia la feuille et la tendit au domestique, en disant :

— Monte à cheval, Giovane ; cours à Rome et remets ceci en main propre à la fille du tribun.

— Vous serez obéi, maître, répondit le valet, qui sauta rapidement en selle.

— Attends, dit Colonne, tirant sa bourse et lui donnant quelques ducats : cette commission faite, tu passeras au Ghetto, et tu achèteras au premier juif venu des feutres et des manteaux de sbires. Nous pourrons en avoir besoin. Va, et sois ici avant une heure.

En se glissant le long du monticule, après le départ du valet, Colonne jeta les yeux dans la campagne. Il aperçut le fils de Montréal assis, la tête entre ses mains, à la même place où il l'avait laissé.

— Sa méditation, pensa-t-il, n'est pas près de finir : Giovane reviendra toujours assez tôt.

Le comte ne se trompait pas.

Au retour du messager, le jeune homme, immobile et rêveur, était encore assis sur le tertre du chemin.

Colonne jeta sur ses épaules un des manteaux qu'on lui apportait. Il fit revêtir l'autre à son domestique, en lui donnant des instructions détaillées ; puis tous deux, se coiffant de larges chapeaux, dont les bords leur couvraient entièrement le visage, allèrent se poster à cinquante pas de Conrad, et le suivirent, quand il se leva pour se diriger du côté de la ville.

— Fort bien, dit le comte : puisqu'il rentre à Rome, notre besogne en sera plus simple et plus tôt faite. Souviens-toi, Giovane, que je ne dirai pas un mot, car il me reconnaîtrait à la voix. Je te prêterai main-forte, ce sera tout.

La nuit était déjà sombre, lorsque le fils de Montréal atteignit l'auberge où il avait, le matin, mis en sûreté sa monture.

Au moment où il se disposait à y entrer, quatre bras vigoureux le saisirent et une voix lui cria :

— Pas un mot, pas un geste, ou tu es mort !

En un clin d'œil, avant qu'il eût pu revenir de la surprise de cette attaque, Conrad fut garrotté, bâillonné et conduit dans une maison déserte, au bord du Tibre, où ses agresseurs l'enfermèrent sans le dégager de ses liens.

Le malheureux fit d'inutiles efforts pour se rendre au moins les bras libres.

A quels ennemis peut-il avoir affaire? Sont-ce des voleurs? en veulent-ils à ses jours?

Depuis vingt minutes à peine il était là, quand le bruit d'un carrosse résonna dans le silence. Conrad prêta l'oreille; la voiture approchait de la maison; un cri de halte se fit entendre, et la porte s'ouvrit.

Sept individus, dont quelques-uns portaient des torches, envahirent la pièce où il se trouvait.

Au milieu d'eux, il reconnut Giacomo.

Le soudard s'approcha vivement, détacha le bâillon qui fermait la bouche du jeune homme, et coupa les cordes qui lui liaient les mains et les jambes.

— Est-ce toi, lui dit Conrad, qui as reçu l'ordre de me faire subir un traitement pareil?

— Voilà, seigneur, une question bien ridicule. Si je vous avais sanglé de la sorte, est-ce que je vous détacherais?

— Mais que me veut-on, pourquoi cette violence? Suis-je libre enfin?

— Non, car il faut me suivre.

— Où cela?

— Vous le saurez bientôt.

— Je refuse, dit Conrad. Mon intention est de quitter Rome au plus vite, sur-le-champ.

— Vous ne quitterez pas Rome et vous allez monter dans le carrosse que je vous amène.

— Alors c'est elle qui t'envoie ! murmurant Conrad palpitant.

— Défense expresse de répondre à vos questions. Nous sommes de vieilles connaissances, et j'ai beaucoup d'attachement pour vous ; néanmoins si vous m'obligez à user de rigueur, il faudra que je me résigne. Montons en voiture ; il se fait tard, et on nous attend.

— On nous attend ? répéta le jeune homme, pâle d'émotion.

— Vite ! cria Giacomo.

Il l'entraîna hors de la maison, le poussa vers le marche-pied du carrosse et le contraignit à y monter.

Quatre hommes s'installèrent avec eux dans l'intérieur ; un autre se hissa sur le siège ; les derniers servirent de laquais, et la voiture partit au grand trot de deux forts chevaux.

Elle roula quelque temps au milieu de la ville déserte.

Puis elle passa sous des voûtes, traversa des cours, et s'arrêta dans l'intérieur d'un édifice que Conrad ne put reconnaître, à cause de la nuit.

— Nous sommes arrivés, dit Giacomo.

Le cœur du fils de Montréal battait avec violence.

Toutes ses questions au soudard n'avaient pu lui obtenir pendant la route le moindre éclaircissement.

Il descendit de carrosse, traversa plusieurs galeries et monta les marches d'un escalier d'honneur.

Giacomo lui servait de guide.

Bientôt ils entrèrent dans une pièce magnifiquement éclairée. Des gardes en occupaient toutes les issues. L'amoureux de Gertrude s'inclina respectueusement devant celui qu'il venait d'introduire, lui souhaita le bonsoir et se retira.

Conrad resta seul.

Où est-il? quels sont les ordres mystérieux en vertu desquels on attente ainsi à sa liberté? est-ce Blanche qui emploie de semblables moyens pour l'attirer dans sa nouvelle demeure? ou serait-ce le tribun qui voudrait l'interroger et lui demander compte de son amour?

Il ne devait pas rester longtemps dans l'incertitude.

Un frôlement soyeux, une démarche légère se firent entendre. Conrad tourna la tête, Blanche était devant lui.

La figure de la jeune fille était pâle, un nuage de tristesse assombrissait son front.

— On ne m'avait donc pas trompée, dit-elle : vous vouliez quitter Rome, vous vouliez me fuir?.... Ah! Conrad, pouvez-vous me faire un tel chagrin? Je retrouve mon père, et je suis menacée de vous perdre; vous êtes résolu à mettre un malheur à côté de ma joie, — c'est affreux! Devais-je m'attendre à cela de vous?

— Blanche ! au nom du ciel, ne m'accusez pas.

— Et quelle justification de votre conduite allez-vous me donner ?

— Aucune, hélas ! je dois me taire.

La fille du tribun tira de son corsage la feuille détachée des tablettes de Colonne et l'ouvrit sous les yeux de son amant.

Voici l'avis que j'ai reçu, dit-elle : lisez.

Conrad prit le papier, sur lequel étaient écrites les lignes suivantes :

« Le jeune homme qui chaque jour vous rendait visite, Signora, dans la maison où vous aviez élu domicile sur la route d'Ostie, veut s'éloigner de Rome, convaincu bien à tort sans doute que votre changement de fortune diminuera le sentiment d'affection que vous lui avez voué. De fidèles et discrets serviteurs de votre père se chargent d'empêcher la fuite du chevalier de Sainte-Croix et l'enfermeront, ce soir, à l'extrémité du Corso, dans une masure déserte, où nous vous prions, Signora, d'envoyer des hommes à vous, qui pourront le prendre à cet endroit et vous le conduire. »

— Point de signature ! dit Conrad avec accablement. C'est lui, lui seul qui a dû écrire cette lettre. O Seigneur, protégez-moi !

— Vous m'effrayez... Lui !... qui donc ?

— Un ennemi mortel, le vôtre, le mien.

— Son nom ?

— Je ne puis vous le dire.

— Vous avez donc un secret pour moi, vous manquez de confiance en ma tendresse?

— Blanche, n'insistez pas, je vous en conjure. Ce secret tuerait notre bonheur et nous désunirait sans retour.

— Alors, tais-toi, tais-toi ! s'écria-t-elle avec épouvante : je ne t'interroge plus, je ne veux rien savoir.

— O ma bien-aimée, dit le jeune homme avec accablement, quel sombre avenir s'ouvre devant nous !

— Une seule question, Conrad : as-tu cessé de m'aimer? as-tu pu croire que la fortune changerait mon cœur.

— Non, je te le jure.

Elle joignit les mains et leva au ciel un regard plein d'une joie ineffable.

— Alors, reprit-elle, qu'ai-je à craindre ?Les dangers que tu prévois je ne les redoute pas ; mon père est tout-puissant, il saura déjouer les efforts de ses ennemis. Tu resteras avec nous, tu ne nous quitteras plus.

— C'est impossible.... O mon amie, je vous jure que c'est impossible !

— Ah ! silence, Conrad ; vous êtes mon prisonnier, dit-elle avec un doux sourire.

— Deux jours, deux jours seulement, Blanche, et je reviendrai, je te le promets devant Dieu.

— Non, pas un jour, pas une heure ; je n'ai plus confiance en vous, répondit-elle en passant sous son bras le bras tremblant du jeune homme. Viens, mon chevalier, viens que je te présente à mon père....

— A votre père !

— Oui, nous sommes au Vatican. Le peuple, qui a brûlé notre maison, nous rend un palais.

— A votre père ! répéta Conrad, pâle et suffoqué.

— Ne m'as-tu pas dit cent fois que tu avais pour lui l'estime la plus grande et l'admiration la plus vive ! Eh bien, tu pourras lui exprimer ces sentiments car il approche ; c'est lui qui vient à nous.

Le fils de Montréal chancelait ; il s'appuya contre un meuble pour ne pas tomber à la renverse.

On entendit les gardes présenter les armes.

Une portière se leva, Rienzi parut.

— Mon père, dit Blanche, entraînant Conrad avec elle à la rencontre du tribun, voilà celui que j'aime.

— Le chevalier de Sainte-Croix, dit Rienzi : mon libérateur, le tien, ma fille. Béni soit le ciel qui me permet de lui exprimer ma gratitude ! Blanch vous aime, chevalier, continua-t-il en pressant affectueusement la main du jeune homme ; je vous crois noble de cœur et digne en tout point de notre alliance : regardez-vous, dès ce jour, comme mon fils.

14.

Des sanglots soulevèrent la poitrine de Conrad. Il tomba sur un siège et fondit en larmes.

— Laisse-nous, dit le tribun à sa fille, laisse-nous, chère enfant : il arrive en ce monde aux hommes les plus courageux, d'être moins forts contre la joie que contre la douleur.

Blanche tendit son front au tribun, enveloppa Conrad d'un doux regard d'amour, et quitta la chambre.

Rienzi pressa de nouveau la main du fils de Montréal.

— Voyons, chevalier, lui dit-il, calmez votre émotion. Je sens combien elle doit être grande, et Blanche m'a dit toute l'histoire de vos amours. Dieu veut que vous soyez l'un à l'autre : aimez-vous, votre bonheur sera le mien.

Le jeune homme se précipita sanglotant dans les bras du tribun.

— Sèche tes larmes, ami, et parlons de nos affaires. Puisqu'à présent tu es mon fils, je te donne voix délibérative dans mes conseils. Autrefois, quand tu m'as rendu ta première visite, ton but était de me connaître, d'étudier mon caractère et d'examiner les ressorts de ma politique, afin de me juger plus sainement et d'apprécier mes actes à leur juste valeur. Tu es sorti satisfait de cet entretien ; mais les événements qui ont suivi, mais cette révolution soudaine et ma chute si prompte, tout cela n'a-t-il point détruit la flatteuse opinion que tu avais de moi ? Réponds franchement, mon fils ; réponds et sois sans crainte.

La bonté qui se lisait sur la physionomie du tribun, son extérieur simple et digne, l'accent affectueux de ses paroles, rendirent à Conrad quelque assurance.

Afin de ne pas laisser deviner la véritable cause de son trouble, il fit sur lui-même un violent effort et parvint à retrouver du sang-froid.

Certes, la situation est trop grave pour qu'il puisse l'accepter ; mais l'a-t-il donc fait naître ? peut-il se briser le cœur et en arracher stoïquement cette joie délirante qu'il n'a pas demandée et qui vient à lui ?

Chassant les fantômes sinistres qui se jetaient au travers de son rêve d'amour, il se montra sensible aux témoignages d'amitié que lui prodiguait le tribun, écouta respectueusement sa voix et lui dit en réponse à ses dernières paroles :

— Je n'ai jamais cessé, Rienzi, de vous croire l'homme le plus grand de ce siècle. Vous êtes un génie rénovateur ; votre volonté triomphera des obstacles, pourvu toutefois que l'expérience vous apprenne à vous défier de tout, même de la loyauté de votre âme.

— Bien, mon fils, très bien ! tu as mis le doigt sur la blessure. J'ai le cœur trop honnête et trop naïf, je ne reconnais jamais le visage d'un traître. Cela tient à mon éducation primitive, à ma vie de travail et de silence. La première fois que j'ai regardé les hommes, je n'ai vu que ceux qui souffraient. « Peu m'importe les autres ! » disais-je, et j'avais tort : pour guérir le mal, il faut étudier la source ; pour soulager la victime il faut connaître le bourreau. Maintenant que la Providence m'est venue en aide, quelles mesures penses-tu qu'il y ait à prendre pour éventer les ruses et déjouer les pièges de mes ennemis ?

Conrad sentit un frisson lui passer dans le cœur.

— Ne crois-tu pas, poursuivit le tribun, qu'il faille les frapper sans miséricorde et sans trêve ?

— Oh ! la clémence, Rienzi, la clémence !.... Qu'ils apprennent à mieux vous juger, qu'ils vous voient enfin tel que vous êtes ; ils finiront par se ranger à votre cause.

— Oui, quelques-uns peut-être, Montréal d'Albano, par exemple.

— Montréal !... oh ! oui, vous avez raison ! s'écria Conrad avec une vivacité qui fit tressaillir le tribun.

— Est-ce que tu le connais, mon fils ?

Le jeune homme comprima l'émotion terrible qui lui agitait le cœur et répondit avec une apparence de calme :

— On n'a pas besoin de connaître un gentilhomme français, pour affirmer qu'il a de la délicatesse et de l'honneur.

— C'est vrai, dit Rienzi. Que celui-là seulement

vienne à moi, et l'insolence de tous ces nobles sera
bientôt domptée. Je n'aurai plus de luttes à soutenir ; je pourrai du moins travailler sans relâche au
bonheur du peuple. Si j'écrivais à Montréal ?

— Oui, c'est cela même, dit Conrad. Je tiens de
bonne source qu'il a gagné les Abruzzes pour y faire
des enrôlements. Écrivez-lui : je m'offre à porter
votre missive.

— Non, mon fils, non. Ce gentilhomme commande
à des hordes indisciplinées, à des vauriens sans vergogne qui ne savent pas respecter les droits d'un parlementaire, et j'aime trop ma fille pour exposer tes
jours. Un autre sera chargé du message ; seulement,
tu voudras bien me tenir lieu de secrétaire. Prends
une plume, je vais dicter.

Conrad posa la main sur son cœur pour en étouffer les battements.

Il adressait au fond de lui-même de vives actions
de grâces à Dieu, dont la bonté venait à son aide et
courait au-devant du plus cher de ses désirs. Montréal n'aurait point fait d'avances peut-être ; mais il
ne repoussera pas celles du tribun. Conrad en a le
ferme espoir.

Dès lors, plus de chagrins, plus d'obstacles ; il va
s'abandonner à son amour sans déchirements et sans
remords.

Assis devant un bureau d'ébène placé dans un
des angles de la pièce, il écrivit sous la dictée de
Rienzi une lettre pleine de tact et de convenance,

où l'éloge se mêlait habilement aux promesses, et dont chaque phrase, chaque mot, donnait au jeune homme une certitude plus entière que tout allait s'aplanir devant son bonheur.

Il eût désiré vivement pouvoir ajouter une ligne de sa main au bas de cette missive ; mais cela lui fut impossible.

Rienzi, qui venait de signer, pliait et cachetait lui-même.

La lettre prête, le tribun sonna, donna des ordres, et, cinq minutes après, un courrier partait du Vatican, malgré la nuit, pour se diriger vers les Abruzzes.

Voilà comment le fils de Montréal devint l'hôte du maître de Rome.

Effrayé d'abord d'une situation impossible, il finit par la trouver toute simple, et se berça d'espérance.

Le courrier fut près d'une semaine à accomplir sa mission.

Au sortir de la villa Farnèse, le père de Conrad avait bien gagné les montagnes ; mais où le trouver dans cette longue chaîne des Apennins, soudée aux Alpes d'une part et à la Sicile de l'autre? L'émissaire du tribun craignait de s'aventurer dans les nids de brigands, où pénétrait sans peur Montréal ; car ce dernier était sûr d'y trouver toujours un grand nombre de ses anciens soldats.

Enfin, après plusieurs jours de recherches ou d'attente, le courrier, sur quelques informations qu'il reçut, se rendit aux avant-postes d'un camp considérable, établi à l'extrémité des Abruzzes, il demanda le général en chef ; on le conduisit sous une tente, où il trouva un homme assis et occupé à écrire.

— Le seigneur Montréal d'Albano ? dit-il, en s'inclinant avec respect devant ce personnage.

— C'est moi-même, répondit celui-ci, qui continua d'écrire et ne leva point la tête.

Le courrier déposa devant lui la lettre du tribun.

XV

LES CATACOMBES

Pendant cet intervalle, la joie et le bonheur habitaient le Vatican.

Conrad passait aux genoux de Blanche des journées entières à s'enivrer de son regard et de son sourire, à lui répéter mille fois ces douces paroles de tendresse qui ne fatiguent jamais l'oreille des amants : phraséologie charmante, toujours ancienne et toujours nouvelle, lieux communs délicieux exploités par le cœur, et qui se reproduisent depuis la naissance du monde sans rien perdre du mérite de la nouveauté.

Lorsque les jeunes gens ne se trouvaient plus en tête-à-tête, c'est que Rienzi, après ses travaux politiques, était venu les rejoindre.

Alors les entretiens prenaient plus de gravité.

Expliquant ses théories sublimes et en réglant d'avance l'application, le tribun peignait les souffrances du peuple et l'infamie de la servitude avec une vérité si saisissante, que Blanche et Conrad fondaient parfois en larmes.

Ils maudissaient avec lui ces tyrans insensés, toujours prêts à mettre leurs priviléges menteurs à la place des lois de la nature et des ordres de Dieu.

— Oui, mes enfants bien-aimés, disait le tribun, c'est de Rome, c'est de la ville éternelle que doit partir encore une fois la lumière; Rome donnera l'exemple au monde, et la réforme sociale marchera de progrès en progrès pour amener enfin la réalisation complète de cette maxime du Christ : « Aimez-vous les uns les autres. » Des oppresseurs et des opprimés, voilà ce que nous ne devons plus voir. Tous les hommes sont fils du même père qui est Dieu, tous les hommes sont égaux, tous les hommes sont frères.

Un soir, Rienzi, dont le noble et beau visage était toujours calme, entra le front soucieux et le regard sombre.

Il tenait à la main un papier qu'il froissait avec une sorte de rage.

— Ciel ! dit Blanche, effrayée de l'altération de sa physionomie et courant à sa rencontre, qu'avez-vous donc, mon père?

— Venez-vous de recevoir quelque fâcheuse nouvelle ? demanda Conrad pâlissant.

— Oui, répondit le tribun : J'ai fait une démarche de paix et de conciliation, — tu le sais mieux que personne, mon fils, puisque tu as écrit toi-même ma lettre à Montréal, — eh bien, on me répond par l'injure et la violence. O race aveugle, race dégradée, dont le cœur est pourri d'égoïsme, et dont le cerveau, gangrené de sottise et d'orgueil, ne comprend aucune idée généreuse, n'admet aucune réforme utile ! Iscariotes impurs qui vendez le sang du peuple, cet autre Christ, toujours abreuvé de fiel et toujours crucifié ! Je dois donc renoncer à vous convaincre ; il faudra vous frapper du glaive et vous frapper sans merci. Vous l'avez voulu, je ne reculerai pas. Malheur à vous !

Le son d'une trompe retentit sur la place du palais.

— Regarde, dit le tribun, qui mena Conrad auprès de la fenêtre.

Il souleva le rideau. Une foule nombreuse était assemblée autour d'un officier public, prêt à lire une ordonnance.

— Écoute, ajouta Rienzi dont le bras crispé s'attachait convulsivement au bras du jeune homme.

Sur la place, le héraut déployait son parchemin. Il lut ces mots d'une voix retentissante :

« Mille ducats d'or seront payés à l'instant même à celui qui nous apportera la tête de Montréal d'Albano. — Signé Rienzi. »

— Horreur! cria Conrad, se retournant vers le tribun. Et c'est vous qui rendez cet arrêt odieux?
— C'est moi.
— Vous avez recours à la proscription, vous soldez l'assassinat?
— Je fais mon devoir : il ne me reste que ce moyen de sauver Rome de la désolation et du pillage. Voici la réponse de Montréal ; tu peux la lire, mon fils.

Le malheureux jeune homme ouvrit ce même papier que le tribun froissait en entrant. Il le parcourut d'un bout à l'autre, donnant à cette lecture, des signes de consternation et d'épouvante, puis jetant un cri terrible, il s'élança vers la porte et disparut.

— Conrad! Conrad! s'écria Blanche avec désespoir.

Mais déjà le fugitif ne pouvait plus l'entendre.

Après avoir écarté les gardes, qui essayaient de s'opposer à son passage, il descendit l'escalier d'honneur, se précipita hors du palais, traversa la place encombrée de peuple, et courut comme un insensé dans les rues de Rome, en se dirigeant vers les catacombes.

On devine que le comte de Romagne n'était

pas resté dans l'inaction, depuis le jour où, déguisé en sbire, il avait trouvé moyen d'empêcher le fils de Montréal d'aller rejoindre son père.

Se glissant lui-même dans le palais, ou y envoyant d'habiles espions, il connut bientôt l'accueil fait au jeune homme, et jusqu'à ses entretiens avec Rienzi : on apprendra donc sans surprise que le courrier qui, huit jours auparavant, galopait vers les Abruzzes, avait à sa piste un cavalier, très attentif à régler sa course sur la sienne.

Ce cavalier, c'était Colonne.

Mieux renseigné que l'émissaire du tribun, le haut baron savait au juste où trouver Montréal.

Une fois arrivé dans le pays montueux, il dépassa le courrier et gagna rapidement un des principaux repaires de bandits, où il trouva son complice en train déjà de conclure quelques arrangements.

— Illustre capitaine, lui dit-il, je vous apporte de l'or, et je viens en outre me mettre à votre disposition pour vous aider, s'il est possible, à organiser plus vite votre armée.

— Soyez le bienvenu, seigneur comte, dit Montréal.

Une heure après, grâce aux soins de Colonne, quatre ou cinq hommes étaient aux trousses du messager de Rienzi, avec ordre de lui donner des renseignements faux et de l'égarer dans la montagne, jusqu'à recommandation contraire.

Cependant Montréal faisait dresser des tentes et

creuser au bord du lac Fucino les avant-postes de
son camp.

Les enrôlements allaient bon train ; le comte s'en
mêlait d'une façon très active et attirait au camp
des troupes entières de condottieri.

Montréal lui dit un soir :

— Nos finances sont épuisées : pourtant il nous
reste beaucoup de ces vauriens à séduire.

— Oui, répondit Colonne. J'ai moi-même rendez-
vous, ce soir, avec le chef d'une bande de cent
cinquante hommes, qui ont une forteresse inexpu-
gnable sur le mont Vélino, ce qui les rend hors de
prix. C'est une occasion superbe ; impossible d'être
inexact. Vous allez donc prendre le chemin de
Rome, général ; vous y arriverez juste au moment
où nos amis se réunissent aux catacombes. Qu'ils
vident leurs coffres-forts et vous donnent tout ce
dont ils disposent. N'annoncez à personne ici votre
départ ; ayez l'air de faire une simple promenade
hors du camp. Vous trouverez des chevaux de relais
de l'autre côté du lac et à Tivoli. Crevez trois mon-
tures, et franchissez en quelques heures les quarante milles qui nous séparent de Rome.

— J'en creverai six, dit Montréal, car je veux être
demain de retour avec l'aurore.

— Comme il vous plaira. Bon voyage, illustre
capitaine !

Montréal partit ; le comte resta seul dans la tente.

Peu de temps après, ses limiers y introduisirent

l'émissaire du tribun, qu'on avait enfin cessé de désorienter au milieu des chemins de la montagne.

Le haut baron décacheta la lettre adressée au père de Conrad, rédigea une réponse sanglante, pleine de fiel, de menace et d'injure, et la donna au messager, en lui disant :

— Va porter cela à ton maître.

Satisfait d'avoir accompli sa mission, le courrier partit ventre à terre. Il arrivait à Rome presque en même temps que Montréal.

Celui-ci s'était rendu directement aux catacombes où les conjurés ne manquaient pas de se rassembler chaque soir. Ils se trouvaient en grand nombre et formaient une réunion imposante.

On reconnaissait les mêmes hommes qui, jadis et dans des circonstances analogues, ourdissaient leur trame sous les ruines du Colisée. Le péril, cette fois, était plus grand ; ils se cachaient avec un soin extrême, arrivaient au rendez-vous un à un, avec mystère, et ne commençaient leurs délibérations qu'après un examen attentif de tous les visages, afin de s'assurer qu'il n'y avait parmi eux ni espion ni traître.

Tous les soirs, le sonneur de Saint-Sébastien laissait ouverte comme par mégarde, une porte basse creusée dans le flanc de l'une des tours.

Les conjurés se glissaient par ce passage dans les catacombes.

D'abord on avait soixante ou quatre-vingts marches à descendre ; puis l'on pénétrait sous de larges galeries souterraines, à droite et à gauche desquelles se dressaient des monceaux d'ossements humains, les uns alignés symétriquement, les autres disséminés pêle-mêle et roulant çà et là.

Des lampes attachées de distance en distance à ces voûtes funèbres jetaient leur clarté blafarde sur ces débris de la mort.

A cette lueur douteuse et vacillante, les squelettes semblaient se mettre en mouvement, et dans l'œil noirci des crânes on croyait saisir d'épouvantables regards.

En abordant ce sombre asile, les conjurés, nobles voluptueux qui pour la plupart avaient usé leur énergie dans la débauche, eurent des frissons de terreur ; mais Colonne ayant déclaré que c'était le lieu de réunion le plus commode à la fois et le plus sûr, nul d'entre eux n'osa désobéir à Colonne.

Ils l'acceptaient entièrement pour chef et lui reconnaissaient tous les droits d'un maître absolu, sûrs de son habileté, de sa persistance infatigable, et surtout de sa haine contre Rienzi.

Avant de partir pour rejoindre Montréal, le comte avait donné des instructions précises à Orsino et à Farnèse.

Le duc rendait compte de ses manœuvres personnelles, quand le père de Conrad entra dans les catacombes.

—Oui, Messeigneurs, s'écria-t-il, huit jours à peine

se sont écoulés depuis que ce maudit tribun nous est revenu si à l'improviste, et déjà le peuple murmure :

— En es-tu certain ? dit une voix dans l'auditoire.

— Pardieu ! quand je vous l'affirme. Rien de plus juste, en somme, que ces murmures. De quoi se plaignait-on sous notre règne : de ce qu'il nous arrivait un peu trop souvent de fouiller dans l'escarcelle des Romains ?

— Tu l'as dit ! s'écrièrent en riant les conjurés.

— Or, le tribun vient d'établir un impôt. Où est la différence ? Il prendra de l'argent aux bourgeois de Rome par l'intermédiaire des employés du fisc et des maltôtiers ; nous le prenions directement, n'était-ce pas beaucoup plus simple ?

Les éclats de rire les plus bruyants accueillirent cette plaisanterie.

— Bravo ! bravo ! cria-t-on de toutes parts.

— Tu raisonnes comme un Dieu, Farnèse.

— Voilà, reprit l'orateur, ce qu'il faut répéter au peuple partout et toujours. Rienzi veut faire, en outre, une levée d'hommes, où les prendra-t-il ? chez le peuple. N'oubliez pas d'exploiter cette mine de troubles et de discordes. « Malheureux peuple ! ce n'est pas assez de t'écraser d'impôts, le tribun veut ton sang, ton sang le plus pur. Où sont les améliorations qu'il te promet? où est la liberté qu'il te donne? Tu es libre de te dépouiller pour lui, de te faire tuer pour lui : nous du moins, nous te laissions vivre. » Avec de pareils discours, Messeigneurs, soyez certains que nous retrouverons nos partisans. Et puis l'armée de Montréal se forme ; elle sera déjà nombreuse avant que notre adversaire ait levé un seul bataillon. Les troupes données à Rienzi par le pape ne peuvent suffir pour garder Rome tout à la fois et combattre hors des murs. Espoir et courage ! nous serons vainqueurs.

— Un instant ! dit Montréal, qui s'avança tout à coup au milieu du cercle ; ne vous couronnez pas encore des lauriers de la victoire. Les subsides nous manquent, et les engagements sont chers. Êtes-vous prêts à de nouveaux sacrifices ?

— Toujours ! nous retrouverons cela plus tard au centuple. Sois le bienvenu, Montréal, dit l'orateur. Parle, que te faut-il ?

— Vingt mille ducats.

— Nous te les compterons. Chacun de nous va rentrer dans le lieu qui lui sert d'asile ; ceux qui n'ont pas d'or te rapporteront leurs bijoux, leurs diamants, leurs colliers.. Non, non, Messeigneurs, pas tous ensemble, l'un après l'autre ! ajouta Farnèse, voyant l'empressement des conjurés à sortir.

Les nobles qui logeaient dans le voisinage s'éloignèrent les premiers ; ils revinrent bientôt avec leur offrande.

15.

D'autres partirent ensuite.

Montréal rendait compte aux conspirateurs qui restaient de ses courses dans les Apennins et des résultats obtenus.

Tout à coup plusieurs des absents rentrèrent en poussant des cris d'alarme.

— Qu'y a-t-il ? d'où vient ce trouble ? demanda Farnèse.

— Cachez-vous, Montréal, cachez-vous ! répondirent-ils avec épouvante : le tribun met votre tête à prix ; un héraut proclame l'ordonnance à son de trompe dans les rues de Rome.

Ils achevaient à peine ces mots, que Conrad survint dans un état d'agitation qui redoubla le saisissement général.

— Mon père ! s'écria-t-il, fuyez, la mort vous menace !

— Où est le traître qui osera me frapper ? dit Montréal avec calme : bien certainement je ne le trouverai pas ici. L'essentiel est donc à présent de sortir de Rome et de regagner mon camp sans être reconnu ; la nuit favorisera ma fuite, et la brèche des remparts n'est point relevée du côté du Tibre.

— Je vous en conjure, mon père, n'affrontez pas le péril !

— Qu'est-ce à dire, mon fils ? avez-vous mission d'ébranler mon courage ?

— Mais pourquoi soutenir cette guerre funeste ?

dit Conrad, qui entraîna Montréal dans un coin reculé des catacombes. Rienzi vous estime, je me fais fort d'obtenir votre grâce. Dites un mot, et vous aurez des dignités, des honneurs ; vous serez le premier de Rome après le tribun.

— Tais-toi, malheureux ! Si l'on allait t'entendre.

— Pourquoi vous ranger sous le même drapeau que tous ces hommes ? Ne le dissimulez pas, vous n'avez pour eux que du mépris. Colonne vous a sacrifié déjà, mon père ; il est prêt à vous sacrifier encore. De quelle cause jadis preniez-vous la défense ? de la cause du pape : eh bien, cette cause est à présent celle du tribun.

Montréal lui saisit le bras avec force.

— Silence, encore une fois, silence ! murmura-t-il. Tu as raison peut-être ; mais ici-bas les fautes s'enchaînent. Une première démarche, même dans une fausse route, engage l'honneur. Je suis resté avec les nobles: les abandonner maintenant, tourner mon épée contre eux serait une lâcheté insigne et l'histoire marquerait mon front d'un sceau d'infamie.

— Mais la justice est du côté de Rienzi, mon père.

— Point de discussion là-dessus.

— Cet homme est animé des intentions les plus loyales et les plus pures.

— Je n'admettrai jamais de semblables raisonnements. Ma route est tracée, je le répète, et j'y marche.

— Hélas! dit Conrad avec désespoir, et cette proclamation qui met à prix vos jours...

— La tête de Rienzi tombera avant la mienne.

— Mais ces troupes que vous rassemblez sont composées de soudards, de bandits, d'assassins. Vous serez tué par vos propres soldats.

— Il en sera ce que Dieu aura ordonné. Quand l'honneur est en jeu, mon fils, on ne doit pas craindre la mort, et je ne comprends plus vos instances, ajouta Montréal, abaissant sur le jeune homme un regard soupçonneux.

— Mon père! ô mon père, ayez pitié de moi! Il faut enfin tout vous apprendre...

Une clameur terrible l'interrompit.

— Trahison! crièrent les conjurés : il y a des soldats à la porte des catacombes, nous sommes perdus!

— Barricadez cette porte! cria le capitaine. L'épée à la main, Messeigneurs, et faisons-nous tuer plutôt que de nous rendre.

Malheureusement, tous ces hommes efféminés ne s'entendaient qu'à nouer des intrigues; le combat et l'action n'étaient plus de leur ressort. Ils couraient çà et là dans les souterrains, poussant des exclamations de terreur, et cherchant partout des issues.

Conrad, plus pâle qu'un linceul, devinait l'effrayante vérité.

Surpris de son brusque départ, Rienzi avait envoyé des gardes à sa piste, et le rapport de ces émissaires ayant donné des soupçons au tribun, il était sorti lui-même du palais avec cent hommes pour sonder les profondeurs des catacombes.

On entendait retentir les coups de hache que ses soldats donnaient sur la porte de chêne pour la briser.

— Mon fils, dit Montréal avec un accent sévère, le comte m'a seulement tout appris hier au soir, et je devine de quelle nature est la révélation que vous m'annonciez. C'est vous qui avez indiqué à Rienzi le lieu où se tiennent nos réunions.

— Moi !... Qu'osez-vous dire ?... oh ! me croyez-vous donc infâme !

— Votre amour pour la fille du tribun était un crime, et je puis supposer avec raison que cet amour vous ait porté à nous trahir.

— Je vous jure par ce qu'il y a de plus saint...

— Faites-moi grâce de vos serments, je n'y crois pas.

— Je vous jure par ma mère...

— Votre mère vous maudira comme je vous maudis.

— Tuez-moi ! cria Conrad au comble du désespoir, mais ne me tenez pas ces atroces discours.

— Mon épée peut-elle se souiller du sang d'un traître ?

— Enfer !... Oh ! Colonne, ce démon, c'est lui qui vous a fait douter de moi !... Oui, j'aime la fille de Rienzi, c'est vrai ; mais entre une faiblesse de cœur et l'infamie de la trahison, je puis vous prouver qu'il y a de la distance. Venez, mon père, et quand ma poitrine aura reçu les coups destinés à la vôtre peut-être n'oserez-vous plus me maudire.

— Bien ! très bien ! dit Montréal avec enthousiasme ; rassure-toi, mon fils, c'était une épreuve. Je reconnais mon sang, je te retrouve tel que tu dois être. Marchons !

Conrad s'élança du côté où retentissaient les coups de hache.

Montréal le suivit.

La porte, attaquée par cinq vigoureux soldats, céda bientôt et tomba brisée dans l'intérieur des catacombes. Rienzi et le fils de Montréal se trouvèrent en face l'un de l'autre.

— Toi ! s'écria le tribun, toi d'accord avec mes ennemis... C'est un rêve !

— Non, répondit le jeune homme exalté jusqu'au délire, je suis au nombre des conspirateurs. Avec eux et comme eux j'ai machiné ta ruine. Grâce à toi, grâce à ta fille, j'ai passé pour un lâche ; mais je me laverai de cette flétrissure. A nous, Messeigneurs, à nous ! cria-t-il en se tournant vers les conjurés. Repoussons l'attaque et dégageons l'entrée des catacombes.

— Ah ! traître ! dit le tribun.

Puis, se retournant vers ses hommes :

— En avant ! cria-t-il, et châtions tous ces misérables !

Montréal et Conrad se défendirent comme des lions ; mais les autres conspirateurs s'étaient dispersés dans les souterrains, ils ne vinrent pas les soutenir.

Le père et le fils furent accablés par le nombre.

— Non ! dit Rienzi, arrêtant les soldats, qui leur plaçaient l'épée sous la gorge, ne les tuez pas ! Cette mort serait trop douce... pour ce traître surtout, ajouta-t-il en désignant Conrad.

Il ordonna qu'on lui mît les fers aux pieds et aux mains.

A l'espèce de frénésie qui s'était emparée du jeune homme succéda un long évanouissement. Les archers de Rienzi le chargèrent sur leurs épaules.

On l'emporta hors des catacombes.

Quand il reprit l'usage de ses sens, il se trouva dans les prisons du château Saint-Ange.

Debout contre la muraille, immobile, sombre et le front chargé de désespoir, Montréal épiait le retour de son fils à la vie.

— Pauvre enfant, murmura-t-il, je t'ai perdu !

Décidément la fatalité s'attache à moi, — ou peut-être est-ce le ciel qui veut me punir.

— Mon père, ô mon père, pourquoi n'avez-vous pas voulu m'entendre ? dit Conrad avec des sanglots.

— C'était impossible. Ne m'accuse ni d'entêtement ni d'orgueil. Écoute, et ne perdons pas en vaines lamentations un temps précieux : il est certain que Rienzi voudra t'interroger lui-même et t'offrira ta grâce.

— Jamais !... Oh ! non, mon offense est irréparable !

— Il te pardonnera, te dis-je.

— Ce pardon, je ne l'accepterai pas, mon père, à moins qu'en même temps il ne me promette le vôtre.

— Voilà, Conrad, une réponse dictée par ton cœur et je t'en remercie ; mais je ne veux rien devoir au tribun. C'est là-dessus précisément qu'il faut nous entendre, — ne m'interromps pas. On peut nous séparer d'un moment à l'autre, il est essentiel que tu comprennes bien la situation. Je suis sûr de la chute de Rienzi ; par conséquent, sous aucun motif, je ne m'associerai à sa fortune. D'ailleurs, il serait par trop ignoble de plier sous la crainte. On me croit dans les Abruzzes ; le tribun ne connaît pas le nom du prisonnier qu'il vient de faire, et le lui révéler serait me perdre infailliblement. Admettons qu'il me pardonne, grâce à l'amour que sa fille a pour toi : penses-tu que le pape ne lui en fasse pas un crime ?

— Que vous importe, mon père ?

— Il m'importe de ne pas sauver ma vie par une lâcheté. Or, cette lâcheté ; je me déciderais à la commettre, que je ne serais point à l'abri pour cela de la vengeance du Saint-Siège, si, contre toutes mes prévisions, la victoire le favorise. Que les nobles l'emportent, comme c'est beaucoup plus probable, ils n'auront pas assez de supplice pour me punir d'avoir pactisé avec leur ennemi mortel. D'un côté comme de l'autre je serais donc perdu. C'est là ce que je te supplie de bien envisager. Mon unique espoir, à cette heure, est dans le mystère, qui me couvre, et le comte de Romagne est là pour s'occuper de ma délivrance.

— Toujours cet homme, toujours cet infernal génie, auquel je dois mon infortune et la vôtre !

— N'exagérons rien, Conrad, et arrivons au fait : le tribun sait-il que tu es mon fils ?

— Non, répondit le jeune homme, il l'ignore.

— Eh bien, j'exige de toi le serment que tu le laisseras dans cette ignorance.

— Mais, mon père...

— Je l'exige, Conrad.

— Mon devoir est d'obéir. Je vous jure de garder le silence et à ce serment j'en ajoute un autre : c'est de n'accepter pour moi-même aucune grâce et de partager votre sort, quel qu'il soit.

— Viens dans mes bras, généreux enfant ! s'écria Montréal : je n'en attendais pas moins de la noblesse de ton cœur. Sois sans crainte, l'armée des Abruzzes va marcher sur Rome, et nous serons sauvés. .

— Dites plutôt, mon père, que nous mourrons ensemble, car je ne partage pas votre espoir.

Montréal allait répondre ; mais un bruit de verrous se fit entendre ; des gardiens parurent et intimèrent au capitaine l'ordre de les suivre dans un autre cachot.

XVI

L'ÉCHAFAUD

Blanche n'était pas couchée.

En proie à l'inquiétude la plus vive, elle cherchait une explication au brusque départ de son amant et à la colère qu'elle avait lue dans les yeux de Rienzi, lorsque les hommes envoyés à la poursuite de Conrad étaient venus rapporter ce qu'ils avaient découvert.

Le tribun lui-même s'était alors éloigné, sans lui dire un mot pour calmer ses craintes.

Où allait-il? aux catacombes sans doute, car Blanche venait d'entendre les gardes citer l'endroit où ils avaient vu pénétrer le jeune homme.

Mais pourquoi Conrad se rendait-il aux catacombes, que pouvait-il y chercher, quel mystère cachait cette conduite?

Elle se rappela que plusieurs fois il avait paru tourmenté d'un secret terrible, secret qu'elle-même aurait pu lui arracher quelques jours auparavant, mais dont elle n'avait pas osé soulever le voile dans la crainte de perdre son bonheur.

Blanche attendait le tribun avec une impatience fiévreuse, prêtant l'oreille au moindre bruit, tressaillant quand une porte s'ouvrait, quand un son de voix se faisait entendre. Enfin elle reconnut le pas de son père dans les galeries voisines et courut à sa rencontre.

Rienzi avait le visage en feu ; son œil étincelait, un tremblement convulsif agitait ses lèvres.

— Que faites-vous ici, dit-il à Blanche, l'heure du repos n'est-elle pas venue ? Rentrez dans votre appartement, je veux être seul.

— Mon père, oh ! ne me laissez pas avec mon épouvante ! Votre visage est menaçant, vos regards me glacent... Qu'est devenu Conrad ?

Rienzi s'approcha, lui prit la main et répondit d'une voix lente et sombre :

— Celui dont vous parlez est dans un cachot. Demain le bourreau fera justice de son crime.

— Le bourreau... miséricorde !... Conrad !

— Silence, malheureuse ! que ce nom ne sorte plus de tes lèvres.

Il la repoussa et voulut sortir ; mais Blanche courut à lui et se cramponna palpitante à ses vêtements.

— Vous ne partirez pas ainsi! j'ai droit à une explication... je la veux, je l'exige, dût-elle me briser le cœur. Jamais vous n'avez été pour moi si terrible et si impitoyable. Est-il possible que vous me défendiez de prononcer le nom de celui que tout à l'heure encore vous nommiez votre fils?

— Tais-toi, femme insensée! Chacune de tes paroles excite ma colère. La tendresse paternelle me rendait aveugle : j'ai reçu sottement dans ma maison, j'ai fait accueil auprès de mon foyer à je ne sais quel homme impur, à un traître abject, pour lequel tu étais éprise d'un fol amour. Il restait ici afin d'épier ma conduite, de surprendre mes desseins, et d'aller tout dévoiler ensuite à mes plus mortels ennemis.

— Conrad, un traître : c'est impossible.

— Si je t'en donnais la preuve?

— Je n'y croirais pas, dit Blanche se redressant avec toute la dignité de son amour.

— Alors je n'ajouterai plus un mot, dit le tribun : peut-être m'est-il réservé, comme dernier désespoir, d'apprendre que vous êtes la complice de cet homme.

Blanche regarda son père.

Elle crut sérieusement qu'il était frappé de folie.

— Conrad un traître, répéta-t-elle, et moi sa complice?... pardon, mais c'est à moi de garder le silence et de ne plus vous interroger davantage. Si vous pensez ce que vous dites, je n'ai plus qu'à mourir.

— Mourir, balbutia-t-il, — et pourquoi, Blanche, si vous n'êtes pas coupable ?

— Parce que mon père accuse mon amant et m'accuse moi-même, sans nous permettre ni à l'un ni à l'autre de nous défendre ; parce qu'il parle de bourreau, tout en refusant d'expliquer le crime, parce qu'enfin la mort de Conrad sera la mienne. Je le crois innocent, je ne veux pas lui survivre.

La tête de Rienzi éclatait.

Il se promena de long en large de la pièce pour se calmer, revint à Blanche, la fit asseoir, et prit un siège auprès d'elle.

— Écoute, lui dit-il, j'ai eu tort de céder à l'irritation. Je ne voulais pas m'expliquer avec toi, ce soir ; tu m'y forces, et il m'échappe des choses que je regrette : la colère ne puise ses inspirations ni dans la raison ni dans le cœur. Non, tu n'es pas la complice de cet homme ; mais tu as été abusée toi-même. Le misérable avait de longue date mûri son ignoble intrigue, il cachait sa haine sous des dehors affectueux, il savait qu'en s'emparant du cœur de la fille c'était le moyen le plus sûr de gagner le cœur du père ; il me prêchait la clémence afin de m'entourer plus facilement d'embûches, et jamais il ne se serait trahi peut-être, sans la résolution vigoureuse que j'ai prise aujourd'hui même en négligeant de le consulter. Te rappelles-tu son trouble, quand le héraut proclamait la mise à prix de la tête de Montréal? Je frappais un de ses complices, il n'a pas été maître de sa frayeur.

— O mon Dieu, protégez-moi! mon Dieu, venez à mon secours! dit Blanche avec égarement.

— Il est sorti de ce palais, l'œil hagard, comme un homme qui va commettre un crime. Je l'ai fait suivre, et sais-tu où je viens de le trouver moi-même? Dans les catacombes, au milieu de tous ces nobles dont j'ai brisé le despotisme, qui ont une première fois réussi par leurs menées indignes à me faire abandonner Rome, et qui recommencent déjà leurs sourdes machinations. Conrad était avec eux.

— Malheur!

— Conrad était leur complice.

— Grâce! grâce, mon père!

— Conrad a tiré l'épée contre moi. Demain, je le répète, il montera sur l'échafaud. Je vais à l'instant convoquer le tribunal suprême. Le crime est patent, la sentence ne se fera pas attendre.

Blanche chancelait, éperdue.

La foudre venait d'éclater sur sa tête; son visage était couvert d'une pâleur mortelle. Pour ne pas tomber à la renverse, elle eut besoin de s'appuyer contre la haute cheminée de marbre du salon.

Tout à coup elle se redressa, courut au tribun et lui dit avec une énergie effrayante:

— Soit ! qu'il meure, s'il est coupable. Je suis Romaine, je suis ta fille, et je m'arracherais le cœur avant d'être assez lâche pour aimer un traître, un ennemi de la liberté. Mais tu ne refuseras pas de l'interroger devant moi. Je veux l'entendre, je veux qu'il avoue son crime, je veux être bien sûre que je dois le haïr et l'abandonner à ta vengeance.

— Tu seras satisfaite, dit Rienzi.

— Ordonne à tes gardes de nous l'amener à l'instant.

Le tribun fit un pas vers la porte.

Mais une idée subite lui traversa l'esprit. Revenant aussitôt, il dit à Blanche :

— Non, pas ce soir ; demain.

— Pourquoi perdre une heure, une minute? Il faut que je sois convaincue sur-le-champ ; tout retard m'est pénible. Que je sache enfin si j'ai à le maudire !

— Non, te dis-je. D'abord je ne suis pas assez calme, et peut-être ne pourrais-je réussir à maîtriser mon indignation. Ce n'est pas tout, la conduite de ce malheureux prouve une adresse infernale, une science de la ruse que jamais homme n'a eue à cet âge : il pourrait nous tromper encore. Je suis crédule, tu es faible, le cœur nous donnerait à l'un et à l'autre de mauvais conseils. Les aveux de ses complices nous permettront de lui arracher tous les siens ; il ne faut pas qu'un doute, un seul doute, puisse rester dans ton âme. Ce sera pour demain, je te le promets.

— Devant Dieu, mon père? dit Blanche en montrant le ciel.

— Devant Dieu!

— Et vous attendrez la fin de cette entrevue pour le livrer aux juges?

— Lui seul ne paraîtra pas, cette nuit, devant la cour suprême.

— Je prends acte de votre parole, mon père.

Elle quitta lentement le salon, le front baissé, le regard morne. Le tribun, la voyant sortir ainsi, éprouva une commotion douloureuse et murmura d'une voix déchirante :

— Blanche!... Tu pars sans m'embrasser!

La jeune fille tressaillit. Elle eut un instant d'hésitation qui enfonça mille poignards dans le sein du pauvre père ; mais cet instant fut court, et bientôt elle alla se jeter dans les bras qu'il lui tendait.

— Oh! merci! merci, ma fille!... Hélas! il ne manquerait plus à mon désespoir que de perdre ton cœur.

Ils avaient besoin de larmes l'un et l'autre. Longtemps ils restèrent embrassés, à confondre leurs gémissements et leurs sanglots.

Puis Rienzi quitta sa fille pour aller donner des ordres.

Cette nuit-là, tous les échos du Vatican répétèrent des bruits sinistres. Les armes des soldats retentissaient dans les couloirs, on entendait grincer les verrous des prisons ; des chaînes traînaient çà et là, et dans les hautes salles s'assemblaient les juges.

— Tout devait ainsi finir ! se disait Conrad au fond de son cachot. Ma conduite était insensée, je caressais de coupables espérances. Bercé si longtemps par des illusions et des chimères, endormi dans un amour impossible, je devais me réveiller comme je me réveille, avec le déshonneur et la honte, avec un trépas ignominieux au bout de ma folie. La mort est le dernier remède à mes angoisses, qu'elle soit la bienvenue. Tout ce que je vous demande, ô mon Dieu ! c'est de ne pas mettre ma faiblesse à de trop rudes épreuves ; il y a des larmes dont j'ai peur et qui feraient de moi peut-être un parjure et un lâche. Que mon sang coule, tout mon sang ; mais ne me laissez pas voir ces larmes, Seigneur !

Il porta les yeux autour de lui. Une lampe éclairait son cachot et jetait sur les murs humides ses reflets rougeâtres.

— Non, murmura-t-il, non, Rienzi ne peut le permettre... il est bien convaincu de ma complicité. Montréal l'a voulu, je n'avais pas une autre conduite à tenir. Son espoir de délivrance est insensé. Je suis dans les fers, la mort m'attend. C'est bien.

Il s'agenouilla, joignit les mains et s'efforça de prier.

Mais il essaya vainement de chasser les fantômes qui l'obsédaient. Blanche va tout apprendre, Blanche n'aura plus pour lui que du mépris et de la haine, Blanche croira qu'il s'est fait un jeu de son amour ; elle n'aura pas assez de malédictions pour sa mémoire.

Et Rienzi, cet homme si pur, ce noble caractère dont il a sondé jusqu'aux plus intimes profondeurs ; Rienzi, dont des saintes doctrines l'ont ému, qui, par son dévouement pour les souffrances humaines, par son amour pour le peuple, était à ses yeux un nouveau Christ dont il devenait le Judas! Rienzi, qui lui donnait le doux nom de fils, qui le recevait dans son intimité, sans défiance, qui approuvait son amour...

— O fatalité! fatalité! s'écriait le pauvre captif en se tordant les mains. Si du moins ils connaissaient la cause de mon apparente trahison, si je pouvais espérer qu'ils me plaindront un jour!... Hélas! en supposant que je sauve ma vie par un parjure, Blanche en sera-t-elle moins perdue pour moi?

Du bruit se fit entendre dans le voisinage, et les deux gardiens qui avaient amené Montréal vinrent ouvrir de nouveau les portes de la prison.

— Que me voulez-vous? demanda Conrad.

— Vous allez nous suivre, dit un de ces hommes.

— Où me conduisez-vous?

— Peu vous importe, marchez,

Ils l'entraînèrent et eurent soin de le placer, en quittant le cachot, entre deux rangées des gardes.

— Oh! ne craignez rien, dit Conrad avec un amer sourire : je n'ai pas l'intention de prendre la fuite.

Sortant du château Saint-Ange, les gardes traversèrent le pont jeté sur le Tibre et pénétrèrent bientôt dans l'intérieur du Vatican. Le jeune homme eut un frisson d'épouvante quand il vit ses conducteurs se diriger vers l'appartement dont il s'était enfui la veille.

Quelques minutes après, il était en présence de Rienzi et de sa fille.

La figure du tribun n'offrait plus la moindre expression de colère ; un sentiment de pitié le prenait au cœur, et une indéfinisable sympathie se glissait dans son âme, à l'aspect de ce malheureux enfant que sa justice allait frapper.

Assise à côté de lui, Blanche se cachait sous un voile.

Les soulèvements précipités de son sein trahissaient sa douleur, bien qu'elle eût assez de puissance sur elle-même pour étouffer les sanglots.

— Approchez, Conrad, approchez, dit le tribun d'une voix émue.

Mais le jeune homme ne bougea pas.

Une sombre et fatale résolution se lisait dans ses regards. Décidé à mourir, convaincu par toutes ses réflexions de la nuit que son bonheur était sans retour, il voulait se défendre contre lui-même, ne pas rendre inutile son héroïsme de la veille et garder le serment qu'il avait fait à Montréal.

— Otez-lui ses chaînes, dit Rienzi aux gardes, qui avaient pénétré dans la chambre avec le prisonnier.

— Non, murmura Conrad : je les ai méritées, je les conserve.

— Qu'on m'obéisse ! cria le tribun.

On détacha les fers et le jeune homme se trouva libre. Rienzi fit ensuite un signe aux soldats qui disparurent.

A peine les portières de velours étaient-elles retombées sur eux, que Blanche, écartant son voile et courant au fils de Montréal, lui saisit la main avec force et l'amena devant le tribun.

— Parle, Conrad, lui dit-elle d'une voix vibrante, et répète devant moi que tu nous as trahis ; car ma conscience et mon cœur se refusent à le croire, si je ne l'entends de ta bouche.

Une pâleur mortelle envahit les traits du jeune homme.

Il détourna la tête pour ne pas rencontrer le regard de Blanche et répondit d'une voix oppressée :

— Je vous ai trahis, je suis coupable.

— Oh ! non, tu mens, c'est impossible ! Il y a là-dessous un affreux mystère, dont je ne me rends pas compte, une fatalité qui malgré toi, malgré nous, te pousse à l'abîme. Conrad ! au nom de notre amour,

16.

qui ne peut être un mensonge, parle ; explique-nous ta conduite, ne me laisse pas le regret éternel d'avoir pu chérir un traître !

— Allons, mon fils, justifie-toi, dit le tribun avec un accent de douce commisération. Tu es ému, je vois des larmes soulever ta paupière. Crois-le bien je ne demande qu'à pardonner.

Conrad se couvrit le visage de ses deux mains ; des sanglots tumultueux soulevèrent sa poitrine.

— Vous le voyez, mon père, il pleure ! s'écria Blanche ; ces larmes ne sont pas feintes et prouvent au moins son repentir. N'est-ce pas, continua-t-elle en écartant les mains de Conrad, que tu n'étais pas le complice de ces hommes des catacombes ? N'est-ce pas que tu n'as point cessé d'honorer mon père, et que tu ne mentais pas jadis en me faisant son éloge ?

— Non, je ne mentais pas, répondit Conrad, suffoqué de sanglots.

— Alors, dit le tribun, pourquoi donc, hier, excitais-tu les conjurés à la défense, pourquoi tirais-tu le glaive contre moi ?

— C'était un accès de délire, un acte de dévouement peut-être, dit Blanche qui s'empressa de répondre.

— C'était un devoir, dit Conrad en relevant tout à coup la tête et essuyant ses pleurs.

— Un devoir ! s'écria Rienzi : tu appelles devoir la

révolte contre mon autorité, tu appelles devoir une ligue avec mes ennemis?

— Vous pouvez également appeler cela malheur, dit le jeune homme, je vous laisse libre.

— Mais enfin explique-toi. Tu avais un motif sans doute, un motif puissant pour agir de la sorte ?

— Oh! parlez, mon ami, dit Blanche, parlez, je vous en conjure! Vous voyez que nous sommes prêts au pardon.

Conrad eut un frémissement indicible ; cette douce voix avait tant d'empire sur son cœur, qu'il sentit un instant fléchir son courage. Mais se rappelant aussitôt que, dans tous les cas possibles, Blanche ne pouvait plus être à lui, et ne voulant pas survivre à sa perte, il résolut d'accomplir jusqu'au bout le sacrifice.

— Le pardon, murmura-t-il d'une voix sombre, je n'en veux pas.

— Mon Dieu ! mon Dieu! dit Blanche avec désespoir, il est insensé. Nous sommes maudits du ciel.

— Que veux-tu donc, alors? demanda Rienzi, qui se leva palpitant et s'approcha de Conrad.

— Je veux mourir.

— Ainsi tu refuses de justifier ta conduite?

— Je refuse.

— En supposant que tes complices fussent encore libres, irais-tu les rejoindre ?

— J'irais les rejoindre.

— Même si je te pardonnais sans explication ?

— Même si tu me pardonnais.

Rienzi regarda sa fille qui venait de retomber sur un siège, éperdue de douleur et de saisissement.

— Tu le vois, Blanche, dit-il, tu le vois, il faut que je le condamne.

— Grâce !... Oh ! vous devez le comprendre, mon père, il n'a pas sa raison ; le malheureux est frappé de vertige... Conrad, il ne vous reste donc plus rien de votre amour pour moi ?

Le jeune homme leva les yeux au ciel et posa la main sur son cœur.

— Blanche, dit-il avec un accent d'émotion profonde et de tendresse ineffable, vous ne douterez pas de ma parole à cette heure solennelle : je vous ai aimée, je vous aime encore plus que moi-même, et plus que je n'aimais ma mère.

— Vous l'entendez ! cria-t-elle. Oh ! c'est à devenir folle à mon tour !

— Mais, ajouta, Conrad il ne peut plus s'agir d'alliance entre nous. Vous me haïriez vivant, mort, vous me plaindrez peut-être.

— Et tu persistes à ne pas nous donner le mot de cette affligeante énigme ? dit le tribun consterné.

— Je parlerai devant mes juges.

— Tes juges !... Mais une fois la culpabilité

reconnue, une fois la sentence portée, comment veux-tu que je te sauve ?

— Vous me laisserez mourir.

Il y eut une minute d'effrayant silence.

Blanche était à genoux, morne, les yeux fixes, atterrée des réponses du jeune homme, et se croyant sous l'empire d'un rêve horrible.

Tout à coup on entendit un bruit d'armes et des rumeurs sur la place du palais.

Rienzi courut à la fenêtre, jeta rapidement un regard au dehors, et revint à Conrad, qu'il entraîna précipitamment du côté du balcon.

— Tu veux mourir, lui dit-il, toi si jeune, toi que le bonheur attendait. Ne sais-tu donc pas ce que c'est que la mort, et la mort par l'échafaud ?.... Regarde !

Conrad porta les yeux dans la direction que lui indiquait le doigt du tribun.

En face de la porte principale du Vatican, on avait dressé pendant la nuit un échafaud tendu de noir. Debout auprès du billot, la hache à la main, un homme vêtu de rouge attendait.

C'était le bourreau.

Une masse de peuple se groupait autour de l'estrade funèbre.

Les rumeurs qu'on venait d'entendre étaient produites par l'apparition d'une vingtaine d'hommes en chemise, garrottés et la figure couverte d'un voile. Tous étaient des conjurés saisis la veille dans les catacombes ; on les amenait entre deux lignes de soldats au pied de l'instrument de supplice.

Au moment où Conrad regardait sur la place, un de ces hommes avait déjà franchi les degrés de l'estrade et s'agenouillait devant le billot.

Le bourreau se penchait pour lui ôter son voile.

— Miséricorde !... Qu'ai-je vu ?... Pourquoi ces apprêts sinistres ? cria le jeune homme.

— Ce sont tes complices, dit le tribun.

— Mes complices... qui donc ?

— Les nobles arrêtés hier avec toi.

— Non ! non !... cela ne peut pas être ; tu leur aurais donné des juges.

— Le sénat de Rome, assemblé pendant la nuit a prononcé leur arrêt.

— Grand Dieu !

— Voilà le sort qui t'attend, si tu persistes à te taire et à ne pas user de ma clémence.

— Rienzi !... grâce !... Oh ! c'est pour m'effrayer, n'est-ce pas ?... si vite ! tu ne peux le vouloir.... Ce serait trop horrible !

Sa figure était livide, ses genoux chancelaient.

Mais se redressant aussitôt par une sorte de bond galvanique, il fit entendre un cri d'épouvante et d'horreur. Le bourreau finissait de détacher le voile : dans celui qui se penchait sur le billot, Conrad avait reconnu Montréal.

— Grâce !.... Arrête !.... grâce ! cria-t-il d'une voix qui fit dresser les cheveux sur la tête du tribun.

Blanche à son tour se précipita au balcon.

— Qu'y a-t-il donc? murmura-t-elle frémissante.

— Pitié ! pitié !.... c'est mon père!!

— Ton père !... justice de Dieu !... Arrêtez ! arrêtez ! je vous l'ordonne ! cria le tribun lui-même, agitant les bras à la fenêtre.

Mais un éclair était parti de l'échafaud.

Un coup sec avait retenti : la tête de Montréal roulait sanglante et détachée du tronc.

XVII

PÉNITENT ET CONFESSEUR

A huit jours de là, Conrad, en proie au plus violent délire, était couché dans l'une des chambres dépendantes du corps de logis qu'habitait le tribun.

Lors de la catastrophe aussi terrible qu'imprévue qui avait fait de Rienzi le meurtrier de Montréal, le jeune homme était tombé foudroyé sur les dalles du balcon, et n'avait repris ses sens que pour être presque aussitôt en butte aux transports d'une fièvre dévorante.

Épouvantés de ce cruel événement qui leur donnait enfin d'une manière si fatale la clé du mystère que leur cachait Conrad, le tribun et sa fille passèrent au chevet du malade les nuits et les jours, afin d'épier dans son regard un éclair de raison, qui pût leur permettre, non de le consoler, car devant un pareil désespoir il n'y avait pas de consolation possible ; mais de lui dire qu'il retrouverait en eux une famille, un père tendre, une sœur bien aimée.

Hélas ! ils se berçaient d'illusions et caressaient de vaines espérances.

Cette tache de sang qui se trouvait entre eux ne pouvait plus disparaître.

Si elle n'était pas le résultat d'une cruauté froide et réfléchie, du moins provenait-elle d'un affreux et irréparable malheur, dont le souvenir devait éteindre toutes les joies, glacer tous les épanchements, empoisonner toutes les délices.

Blanche et Rienzi ne le comprirent que trop, lorsque le fils de Montréal, recouvrant enfin le sentiment de lui-même et reconnaissant ceux qui veillaient auprès de son lit de souffrance, s'écria d'une voix terrible :

— Retirez-vous, assassins de mon père !

— Ah ! dit le tribun, pourquoi n'as-tu pas parlé plus tôt, malheureux enfant ? Tu as laissé ma justice avoir son cours ; je n'ai pressé cette exécution maudite que pour produire en toi un retour salutaire, pour te sauver... Pardonne-moi, pardonne-moi !

— Conrad, disait Blanche, en pressant la main du malade qu'elle arrosait de ses larmes, ne nous accusez pas.... Voyez notre désespoir !... Oh ! si je vous avais arraché plus tôt ce secret fatal...

17

— Assassins ! assassins ! répétait le jeune homme, rendu à tout l'égarement de son délire.

Il eut une crise effrayante et l'on crut qu'il allait expirer.

Rienzi envoya chercher un confesseur dans une abbaye voisine. Le messager qui venait de recevoir cet ordre, rencontrant un moine aux portes du palais, ne crut pas nécessaire d'aller plus loin.

Il l'amena dans la chambre.

Le tribun et sa fille s'empressèrent de donner quelques éclaircissements à ce ministre du Christ ; ils le supplièrent avec larmes de leur obtenir le pardon de Conrad ; puis ils sortirent, le laissant à sa mission sainte.

A peine furent-ils dehors, que le moine tira des poches de sa robe une fiole de cristal qu'il déboucha promptement.

Il l'approcha des lèvres du malade et lui fit boire une partie du cordial qu'elle contenait. Versant ensuite dans le creux de sa main quelques gouttes de la même liqueur, il en frotta les tempes et les narines de Conrad, qui parut se calmer comme par enchantement et s'endormit d'un sommeil paisible.

Le religieux resta au chevet du jeune homme et le laissa reposer une heure ; après quoi, le réveillant, il lui fit achever le cordial.

— Vous avez été bien près de la mort, mon fils, lui dit-il, et vous devez remercier Dieu de m'avoir envoyé à votre secours.

— Oh ! murmura Conrad, est-ce un rêve que j'ai fait ?

— Non, répondit le moine : votre père compte maintenant au nombre de nos martyrs.

— Mon pauvre père !

— Pleurez, mon enfant, les larmes soulagent... Ah ! c'est un crime dont le tribun de Rome sera sévèrement châtié dans ce monde et dans l'autre. Est-ce donc à un misérable aventurier politique, sorti des derniers rangs du peuple, à se jouer ainsi de la vie des hommes ? D'où lui vient son autorité, de qui tient-il sa mission ? C'est avec le glaive de l'usurpateur qu'il frappe et non pas avec celui du justicier : donc, la vengeance est permise, la vengeance est sainte.

Conrad se dressa sur son séant.

Il jeta sur le religieux des regards où la surprise se mêlait à un sentiment de frayeur.

— Je ne vous comprends pas, mon père.... Vous, ministre d'un Dieu de paix, pouvez-vous me tenir ce langage ?

Le moine se leva brusquement.

— Je ne suis pas prêtre, dit-il, désabuse-toi.

— Qui êtes-vous ?

— Ne l'as-tu pas deviné, Conrad de Montréal, et ne devais-tu pas m'attendre ici, puisque tu ne pouvais venir à moi ?

— Colonne ! s'écria le malade avec un geste d'épouvante.

— Allons, du calme.... Je viens de te rappeler à la vie, ne rends pas mes soins inutiles.

— J'allais mourir, et vous m'en avez empêché, murmura le jeune homme avec accablement.

— Le fils de Montréal, de Montréal assassiné par Rienzi, doit-il mourir sans vengeance ?

— Mon père !... Horreur ! j'ai vu rouler sa tête sur l'échafaud.

— En évoquant cette funèbre image, dit Colonne, n'oublie pas que Rienzi a dicté la sentence de Montréal : le sang veut du sang.

— Vous avez raison, vengeance ! s'écria Conrad en se précipitant hors de son lit.

— Bien, dit le comte, voilà comme je désirais te voir. Passe tes vêtements et écoute-moi.

Le jeune homme s'habilla en toute hâte.

— A présent, tu es fort ; j'étais sûr de la puissance de mon remède. Nous avons tous résolu de te laisser le soin de frapper le meurtrier : tu le frapperas dès ce soir.

Un frisson courut dans les veines de Conrad.

— Dès ce soir, balbutia-t-il, — et comment, par quel moyen ?

— Le fer ou le poison, peu nous importe.

— Mais c'est horrible !

— Non, c'est juste.

— Hélas ! ai-je le droit de me venger?

— Tu n'oseras pas le mettre en doute, j'imagine.

— Rienzi, je vous le jure, ignorait....

— Que Montréal fût ton père, soit, interrompit Colonne ; mais le crime en est-il moins abominable ? Quoi ! parce qu'il plaît à un manant parvenu de combiner dans son étroit cerveau je ne sais quel système de gouvernement, dont l'application n'est pas faite et dont le mérite par contre-coup ne peut être jugé, parce que ce rêveur absurde enfante des utopies, il faudra que l'échafaud se dresse et que l'Italie vienne y verser le plus pur, le meilleur de son sang.... Et les fils des victimes oseront mettre en doute leur droit à la vengeance ?

— Comte, le tribun n'est pas l'homme que vous dites.

— Décidément, Conrad de Montréal, as-tu de l'honneur ?

— Mais, balbutia le malheureux avec l'accent d'un profond désespoir, Rienzi m'aime...

— Tu dois le haïr.

— J'aime sa fille....

Colonne s'approcha lentement et vint lui dire presque sous le visage :

— La fille du bourreau de ton père.

— Taisez-vous ! taisez-vous ! ils ont veillé tous deux près de mon lit de douleur.

— Afin de te rendre lâche et parjure.

— Oh ! quel supplice !.... Assez, je ne veux plus rien entendre.

— Tu m'entendras jusqu'au bout ; tu sauras ce que l'avenir te réserve, si tu es sourd à ma voix.

Allons, ouvre les yeux, triple aveugle, et regarde d'avance les pages de l'histoire. Consentiras-tu donc à ce que les siècles futurs puissent y lire ceci !

« Le fils de Montréal n'a pas vengé la mort de son père ; il est resté l'ami de l'assassin, dont il était le complice. »

— Le complice ! répéta Conrad avec épouvante.
— Oui, le complice ; voilà du moins ce que dira l'histoire.
— Non, non, jamais ! c'est impossible.
— Ce qu'il y a de plus honteux pour toi, ajouta Colonne d'une voix sombre, c'est que l'histoire ne mentira pas.
— Que voulez-vous dire ?
— Je veux dire que ta seule présence en ces lieux, sans y frapper l'assassin, est un acte de complicité. Si tu n'as pas approuvé le meurtre, tu le pardonnes une fois commis : où est la différence ?
— Mais encore une fois, c'est horrible ! vous n'avez aucune pitié....
— Pourquoi aurais-je pitié d'un lâche ?
— Ah ! c'en est trop ! cria Conrad hors de lui : vous me rendrez raison de cet outrage.
— Volontiers, répondit froidement le haut baron, quand tu m'auras prouvé que tu as de l'honneur.

Atterré par ces écrasantes reparties, le pauvre

jeune homme chancela sur ses genoux et tomba au
pied du lit qu'il venait de quitter.

— Seigneur, Seigneur! ne me refusez pas votre
secours! murmura-t il en fondant en larmes.

Le comte le laissa pendant quelques minutes exhaler son désespoir ; puis, le forçant tout à coup à se
redresser ;

— J'espère, dit-il, que tu ne permettras pas au
tribun de prendre aussi ma tête. Dans ce palais je
suis entouré de périls, il est temps que je m'éloigne.
Que décidons-nous? Aurai-je, pour te voir, bravé
la mort sans résultat? le meurtre de ton père recevra-t-il son châtiment?... Oui ou non, je veux une
réponse.

— Oui, répondit Conrad, pâle et résolu : puisque
la fatalité le veut, je cède à la fatalité.

— Dis plutôt que tu cèdes à la force du devoir!
s'écria Colonne qui lui pressa les mains avec transport. Oublie la rudesse de mes paroles ; il fallait
que chez toi la vertu triomphât de l'amour, et j'ai
pris le moyen le plus prompt pour terminer la lutte.
Écoute, des amis sont prêts ; nous pouvons à l'instant même ressaisir la puissance. Que le tribun
meure, tout est sauvé.

Le comte tira des plis de sa robe un poignard napolitain, qu'il tendit au jeune homme.

— Tu habites le Vatican, reprit-il ; toutes les
portes du palais sont ouvertes, et tu peux sans ris-

que approcher Rienzi : jure-moi qu'avant ce soir il sera mort.

— Honte et dégoût ! dit Conrad, repoussant l'arme qu'on lui présentait. Ce n'est point ainsi que mon père doit être vengé. Dieu me préserve de descendre au rôle impur de l'assassin.

Colonne se mordit les lèvres avec dépit.

Dans chacune des circonstances de cette révolution, sa politique avait toujours consisté à se tenir à l'écart ainsi que les autres nobles, et à faire porter les coups par des mains étrangères à leur caste : ils se présentaient alors avec plus de dignité pour ressaisir le pouvoir. Cette fois, le comte de Romagne avait jeté les yeux sur Conrad ; il le destinait à trancher le nœud gordien et à en finir décidément avec Rienzi.

Aux yeux de tous, la vengeance du jeune homme paraîtrait toute naturelle et toute simple.

Mais le haut baron voyait avec une sourde colère que cette nature honnête et loyale, un instant surexcitée par le galvanisme de ses déclamations, ne s'engagerait pas dans la route où il voulait la conduire.

— Explique-toi, dit-il : comment donc entends-tu la vengeance ?

— Donne-moi une épée, donne-moi des soldats, et je combattrai Rienzi sur le champ de bataille.

— Nous n'avons plus de soldats ; toutes nos bandes se sont dispersées à la nouvelle de l'exécution de ton père.

— Eh bien, dit Conrad, j'irai parcourir les rues de Rome, les places, les carrefours ; je me rendrai partout où le peuple pourra m'entendre, je ferai un appel à la révolte en plein soleil, et quand nos deux camps seront dessinés, celui de Rienzi et le mien, tu verras si je recule.

— C'est ton dernier mot ?

— C'est mon dernier mot.

— Tu me jures de combattre le tribun jusqu'à ce que l'un de vous deux succombe.

— Je le jure.

— En ce cas, sois tranquille : toutes nos mesures sont prises ; vous ne tarderez pas à être en face l'un de l'autre. Peu m'importe que tu le frappes de l'épée ou du poignard. Tu vas me suivre, et nous allons nous mettre à l'œuvre.

Il se préparait à l'entraîner ; mais du bruit se fit entendre tout près de là.

Colonne s'enveloppa la tête de sa capuce.

— Au fait, dit-il, si l'on nous voyait sortir ensemble, cela pourrait donner des soupçons. Je pars le premier ; viens me rejoindre avant une heure sur la *piazza del Popolo*.

— J'irai, dit Conrad.

— N'oublie pas que j'ai ton serment ?

— Je le renouvelle.

— C'est bien.

Le comte sortit. A peine était-il dehors, qu'une portière s'écarta, et la fille du tribun parut.

— Blanche ! s'écria le jeune homme. O mon Dieu, soutenez mon courage !

Pâle comme une statue de marbre, la jeune romaine vint à Conrad et lui dit d'une voix si basse qu'on eût cru entendre le souffle d'une ombre :

— J'étais là... j'ai prêté l'oreille... Viens, il faut que je te parle.

— Vous étiez là, Blanche... vous étiez là ? murmura le jeune homme, pétrifié.

— Suis-moi, te dis-je.

Elle prit la main ; il tressaillit, car cette main était froide comme celle d'une morte.

— Où me conduisez-vous ? demanda-t-il d'une voix qui tremblait de saisissement.

La fille du tribun ne répondit pas ; elle entraîna Conrad.

XVIII

LE DERNIER BAISER

Ils traversèrent plusieurs galeries et des salons encombrés de gardes.

Le jeune homme avait eu d'abord l'intention de fuir, mais il ne s'était pas senti le courage de quitter cette main chérie qui tenait la sienne. Il entendit les battements précipités du cœur de Blanche ; il comprenait qu'une heure solennelle et suprême venait de sonner.

Après quelques minutes d'une marche rapide au travers des appartements d'un palais, Blanche ouvrit une porte, et le fils de Montréal entra pour la première fois dans la chambre de la fille de Rienzi.

C'était une sainte et virginale retraite, toute rayonnante d'innocence.

Un lit aux blancs rideaux, des images bénites suspendues aux murailles, un prie-Dieu, quelques sièges et des tapisseries mêlées sur une table avec des fleurs, voilà tout ce que les yeux rencontraient dans ce doux asile d'un ange.

Mais avant de rapporter la scène qui eut lieu entre les amants, il faut suivre le comte de Romagne hors du palais, où, pour voir Conrad, il s'est glissé tout à l'heure au risque de sa vie.

Depuis la triste fin de Montréal, Colonne sentait qu'il était perdu lui-même s'il ne précipitait au plus vite la révolution romaine dans cette voie de réaction dont il était le principal moteur.

Il rassembla ses complices, calma leur épouvante et leur fit comprendre qu'il n'y avait pas un instant à perdre pour agiter le peuple et renverser définitivement le tribun.

Comme l'avait annoncé Farnèse, Rienzi venait de proclamer un impôt et d'ordonner en même temps une levée d'hommes, double mesure dont la perfidie du comte pouvait très facilement dénaturer le sens. Il travailla de tout son pouvoir à rendre le tribun impopulaire et à fomenter dans les masses ce nouveau levain de discorde.

Pour maintenir son autorité, Rienzi fut contraint d'user de rigueur vis-à-vis des premiers qui se montrèrent récalcitrants à ses décrets, et la punition qu'il leur infligea ne fit que donner plus de poids aux insinuations de son ennemi.

Bref, en moins d'une semaine, Colonne jeta le plan d'une émeute nouvelle et réussit à la faire éclater d'une manière aussi inattendue et aussi foudroyante que celle qui avait, une fois déjà, expulsé le tribun des murs de Rome.

On vint annoncer à Rienzi qu'une multitude en armes, réunie sur la *piazza del Popolo*, faisait entendre contre lui des clameurs menaçantes.

Il accourut en toute hâte à la tête de l'un des bataillons d'archers que lui avait donnés le pape.

Colonne, n'ayant pas trouvé le fils de Montréal au rendez-vous, et désespérant alors de son concours, se décidait à agir lui-même et à prendre le commandement de la révolte, quand le tribun déboucha sur la place.

— Le voici ! le voici ! crièrent des milliers de voix.

— Plus de levées de troupes !

— Plus d'impôts !

— A bas le tyran !

Rienzi, pour haranguer cette multitude, se fit en vain hisser sur une sorte de pavois formé par les boucliers de ses soldats : le peuple, poussant des huées terribles et agitant ses armes, entoura sa faible troupe d'un cercle d'airain.

Toujours vêtu de sa robe de moine, Colonne s'avança jusqu'au premier rang des archers et leur cria d'une voix terrible:

— Débandez vos arcs ! ne décochez pas une flèche, ou vous êtes morts !

L'attitude de la foule prouvait qu'à la moindre manifestation hostile cette menace recevrait à l'heure même son exécution. Beaucoup d'archers quittèrent leurs rangs et se réunirent aux séditieux, dont les clameurs devenaient de plus en plus sinistres.

— Qui es-tu donc ? demanda Rienzi à ce moine, qu'il voyait à la tête de l'émeute et dont la voix ne lui semblait pas inconnue.

Le haut baron dégagea son visage du capuce qui le recouvrait.

— Dom Antonio ! cria le tribun frappé de saisissement.

— Oui, Dom Antonio pour toi, pour le sublime réformateur qui veut changer le monde, et qui n'a pas eu l'esprit de se garantir des pièges les plus vulgaires : — mais pour tous ceux que j'excite contre ta puissance, je suis Colonne, entends-tu Rienzi ? Colonne, comte de Romagne, voilà mon nom, je te le jette à la face sans crainte, car ton dernier jour est venu !

Le tribun sentit un frisson lui passer dans le cœur.

Il eut un instant le visage épouvanté d'un homme qui vient de marcher sur un reptile.

— Colonne, murmura-t-il, Colonne !

— Oh ! c'est bien moi, va ; tu es en présence de ton adversaire le plus acharné, de celui qui a pris tous les masques pour assurer ta perte, et qui va la consommer aujourd'hui.

— Traître ! tu n'as pas encore la victoire... A moi, peuple de Rome, à moi ! cria Rienzi d'une voix retentissante, qui domina quelques secondes le tumulte. Écouteras-tu mes ennemis sans m'entendre ? est-ce de la justice ? est-ce de la loyauté ?

— Oui, c'est de la haute justice, car c'est la justice du peuple ! dit Colonne se tournant vers la foule. Romains, vous connaissez son crime, vous en avez tous approfondi l'horreur. On n'écoute pas le despote indigne, l'homme barbare qui a tué un père sous les yeux de son enfant.

— Mort au despote ! cria-t-on de toutes parts.

— Mort au bourreau !

— Je suis innocent du crime dont on m'accuse, et j'ignorais, je vous le jure, la circonstance fatale qu'on veut tourner contre moi, dit Rienzi étendant les mains avec angoisse vers cette multitude aveugle, dont il ne pouvait plus éteindre les huées effroyables.

— Mensonge ! mensonge ! répondit Colonne.

— J'en appelle au fils de Montréal.

— Le fils de Montréal est prêt à te combattre. Ne reconnais-tu pas le moine que tu as appelé tout à l'heure ? Grâce à un cordial puissant, le malade a recouvré sa santé et ses forces : tu ne mourras que de sa main, — ou de la mienne.

— Ou de la nôtre ! hurlèrent les révoltés.

— Point de grâce au bourreau !

— Qu'il meure !

Et le cercle menaçant se rétrécissait toujours, et mille bras de poignards se levaient pour frapper le tribun.

Tout à coup Rienzi, s'élançant de son pavois, arracha des mains de l'un de ses soldats une hache d'armes, avec laquelle il opéra bientôt dans la foule une trouée sanglante, où il se précipita suivi des archers qui ne s'étaient pas rangés du parti de l'émeute. En un clin d'œil il eut regagné le Vatican, dont il ordonna de refermer sur lui et sur ses hommes les portes de bronze.

Deux mille soldats de troupes fidèles étaient là, prêts à lutter et à soutenir un siège.

Mais Rienzi voulut parler d'abord à Conrad, afin de l'amener devant le peuple et de le sommer, au nom de l'honneur, de démentir l'indigne calomnie dont il était victime.

Il se mit donc à la recherche du jeune homme.

Blanche, on le sait, avait conduit le fils de Montréal dans l'appartement qu'elle occupait. Là, pâle, frissonnante, et d'une voix profonde, elle lui dit :

— Conrad, il est donc vrai que tu vas combattre mon père ?

— Votre père a tué le mien, Blanche.

— Ah ! Conrad, dis plutôt la fatalité.

— C'est possible ; mais l'honneur et le devoir me prescrivent la vengeance.

— Et notre amour, Conrad, notre amour!
— Il serait désormais un crime.
— Ainsi ta résolution est inébranlable?
— Inébranlable.
— Tu auras le courage de me désespérer ?
— J'aurai ce courage.
— Malgré toi-même et malgré ton cœur.
— Indiquez-moi le moyen d'agir autrement sans être infâme.
— Tu as raison, Conrad, je vais te l'indiquer.
Elle le fit asseoir et s'agenouilla devant lui.
— Non, non !... Blanche ! retirez-vous, laissez-moi ! s'écria-t-il avec angoisse.
— Pourquoi me repousser ? dit-elle en appuyant ses mains jointes sur les genoux tremblants du jeune homme. Si la fatalité nous poursuit, cédons à la fatalité ; mais entre nous, ami, oh ! je t'en conjure, point de haine et point de colère !
— Mon Dieu ! mon Dieu ! s'écria Conrad avec un accent de douleur impossible à rendre, l'épreuve est trop forte !... que ne m'avez-vous laissé mourir !
— Parce que Dieu veut, répondit Blanche, que deux cœurs qu'il avait créés l'un pour l'autre soient du moins réunis pour l'éternité.

Le noble et beau visage de la jeune fille eut, à ces mots, comme un rayonnement céleste.

Un angélique sourire erra sur ses lèvres.

Conrad tressaillit, passa la main sur son front et

Pagination incorrecte — date incorrecte
NF Z 43-120-12

LIRE PAGE (S)
AU LIEU DE PAGE

jeta un cri d'ivresse. Une pensée radieuse, un éclair d'espérance et de joie l'illuminaient à son tour : l'âme de Blanche tout entière venait de passer dans la sienne.

— Oh ! murmura-t-il, en pressant ses deux mains sur sa poitrine palpitante, dois-je te comprendre ? Suis-je le jouet d'un rêve ?

— Et pourquoi donc, ami, répondit-elle, t'aurais-je amené dans cette chambre, où tu viens pour la première fois ? Si ma démarche n'était pas solennelle et sainte, tu devrais la croire coupable, et tu ne me feras pas cette injure.

— Blanche !... ô miséricorde du ciel !

— Écoute... rappelons un instant nos souvenirs : quand je t'ai connu, tu étais attaqué d'une maladie terrible...

— Dont tu m'as guéri par ton dévouement et ton amour.

— Oui... Mais n'est-il pas étrange, dis-moi, que notre première entrevue ait eu lieu, comme celle-ci, aux portes de la mort ? C'était un présage, nous l'avons compris trop tard et, d'ailleurs, en aurions-nous été moins attirés l'un vers l'autre ? Notre amour était une fleur des tombeaux, il doit s'éteindre où il est né... Résignons-nous... O Conrad ! que la mort à deux doit être douce !

— Parle encore, parle toujours ! dit le jeune homme avec extase. Il me semble que tu m'ouvres un autre monde, dégagé des mensonges d'ici-bas, et où l'éternelle vérité m'apparaît dans toute sa splendeur. Merci, ma bien-aimée, merci ! L'idée de mourir ensemble ne m'était pas venue, c'est toi qui me la donnes ; je n'eusse pas osé croire à tant de bonheur.

— Ainsi tu es heureux de ma résolution, c'est bien. De cette façon, Conrad, ton honneur sera sauf et le mien restera sans tache. En effet, que dira-t-on de nous ! « Il y avait entre eux une épouvantable infortune, il y avait entre eux du sang : leur union n'était pas possible sur la terre, ils ont été s'unir dans un monde meilleur. »

— Oui ! oui ! mourons ensemble.

— J'ai là du poison, dit Blanche, un poison sûr.

Étendant la main, elle saisit un petit flacon posé sur la table voisine, le déboucha paisiblement et en versa le contenu dans une coupe qu'elle approcha de ses lèvres.

Un frisson d'épouvante passa dans l'âme de Conrad.

— Non ! cria-t-il éperdu, attends encore !... O mon Dieu ! si jeune, si belle... et mourir !

— As-tu des regrets, ami ? demanda Blanche avec calme.

— Pour moi... non, je te le jure ! mais pour toi, pauvre ange, pour toi dont je brise l'existence dans sa fleur...

— N'a-t-elle pas été assez longue ? n'avons-nous

pas ou assez de joies délicieuses, et crois-tu que je puisse vivre sans ton amour?

— Blanche !

— Au ciel, mon ami, nous allons nous aimer au ciel.

Ils tombèrent dans les bras l'un de l'autre, échangeant un baiser suprême.

Puis la jeune fille but la première une partie de la liqueur mortelle, et tendit le reste, en souriant, à Conrad, qui acheva de vider la coupe.

Leurs bras s'entrelacèrent de nouveau ; de nouveau leurs lèvres se cherchèrent et ils s'endormirent dans la mort. . . . .

. . . .

. . . .

Pendant cet intervalle avait eu lieu la scène de révolte de la *piazza del Popolo*.

Rentré au Vatican, le tribun appelait Conrad à grands cris, afin qu'il l'aidât par son témoignage à faire tomber l'odieuse accusation dont ses ennemis le chargeaient. Cette pensée l'absorbait avant tout ; il ne donna que des ordres vagues pour organiser la résistance.

Le flot populaire, excité par Colonne, rugissait au dehors, et devait bientôt briser les obstacles, ouvrir les issues.

chelles furent appliquées aux fenêtres, on escalada les balcons ; le peuple s'accrocha aux frises, grimpa aux sculptures, et en un clin d'œil la horde rugissante inonda les galeries mêmes du palais. Le comte de Romagne et le tribun atteignirent presque en même temps le seuil de la chambre où Conrad et Blanche venaient de rendre le dernier soupir.

Rienzi poussa un cri terrible.

Il courut s'agenouiller auprès de sa fille morte ; il regarda son visage, interrogea sa poitrine, vit Conrad sans souffle à côté d'elle et se releva pâle, horripilé, sûr de son malheur.

Debout à l'entrée de la chambre, le haut baron le regardait avec une joie sinistre.

Arrêtant du geste les assassins qui agitaient derrière lui leurs poignards, il fit quelques pas vers le tribun.

— Ainsi, cria-t-il, en montrant le cadavre de Conrad, tu as tué le fils comme le père ? Il devait nous rejoindre, et tu y as mis obstacle par un nouveau meurtre.

— Vous l'entendez, Seigneur ! dit Rienzi, qui éleva au ciel ses mains désespérées : le mensonge et le crime triomphent, tous mes efforts ont abouti à la ruine de ce qui m'était cher ; pour le dévouement et l'abnégation je recueille le désespoir. Est-ce ainsi, mon Dieu, que vous protégez les défenseurs de la sainte cause des peuples ?

— Trêve de harangues ! cria Colonne, et ne cherche pas à nous en imposer par ton hypocrisie.

— A mort ! à mort ! hurla la foule.

Rienzi écarta ses vêtements et marcha droit aux assassins.

— Voilà ma poitrine, leur dit-il : frappez, j'accepte le martyre. O malheureux peuple! malheureux peuple! J'avais brisé tes chaînes, tu veux les reprendre. Que Dieu te pardonne et te rende libre un jour! Mais, hélas! je commence à le croire, la liberté est incompatible avec les passions des hommes. Elle ne veut que des cœurs purs. C'est une fille du ciel qui n'habitera jamais la terre.

— Ainsi soit-il! dit le comte.

Il fit un geste. Vingt *bravi* s'élancèrent le poignard levé, et le tribun percé de coups tomba sanglant sur le corps inanimé de Blanche.

— Victoire! cria Colonne : Rome est sauvée!

— Non, murmura Rienzi d'une voix éteinte, Rome est perdue!

Il expira. . . . .
. . . .
. . . .

Après la mort de cet ardent défenseur des libertés italiennes, tous les despotismes qu'il avait combattus se donnèrent la main et conclurent un pacte d'alliance.

Les nobles dictèrent leurs conditions, l'empereur posa les siennes, et le pape quitta définitivement Avignon pour rentrer à Rome, à Rome plus que jamais asservie et déshonorée.

Le jour où le souverain pontife traversait la ville

sainte avec son éclatant cortège de cardinaux, deux hommes se détachèrent de sa suite et se dirigèrent, guidés par Giacomo et Gertrude, vers une espèce de mausolée, dressé dans un coin de la place du Peuple.

Ces deux hommes étaient Pétrarque et le fils de Dante.

Quant à la tombe sur laquelle ils s'agenouillèrent en versant des larmes, c'était la tombe de Conrad, de Blanche et de Rienzi.

— O grand homme, cœur généreux et sublime, noble martyr de la liberté, murmura le poète en déposant comme dernier hommage sa couronne lauréale sur le marbre funèbre, tu n'as pu terminer ton œuvre ; mais les siècles à venir te tiendront compte de tes efforts et tu vivras, je le jure, dans l'histoire et dans mes vers!

FIN

TABLE

		Pag
I.	Une Nuit au Capitole.	1
II.	Sa Sainteté le pape Clément VI	29
III.	Le Tombeau de Laure.	47
IV.	Les Cachots de l'Inquisition.	64
V.	Blanche	81
VI.	Visite au tribun	102
VII.	Il reverendissimo padre Antonio	122
VIII.	Les Conjurés	137
IX.	L'Émeute	153
X.	D'Astie à Rome	171
XI.	Le Prisonnier	184
XII.	Amour	201
XIII.	La Villa Farnèse	219
XIV.	Réunion	236
XV.	Les Catacombes	252
XVI.	L'Échafaud	274
XVII.	Pénitent et confesseur	288
XVIII.	Le Dernier baiser.	299

Saint-Amand (Cher). — Imp. de Destenay.

www.ingramcontent.com/pod-product-compliance
Lightning Source LLC
Chambersburg PA
CBHW071246160426
43196CB00009B/1185